이야기 축제

김 정 훈

새미

머리말

사람이 혼자면 독서나 명상을, 둘이면 대화, 셋이면 등산, 넷이면 합창, 다섯이면 운동, 여섯이면 무엇을 해도 좋다는 말이 있다. 이는 아마도 사람이 어떤 처지에서든지 항상 생산적이어야 한다는 의미가 아닌가 싶다.

사람이 모여 말을 하다보면 감동적인 이야기가 많다. 그 이야기가 우리의 가슴을 찡하게 하고, 콧잔등을 시큰하게 하고, 눈에 눈물이 핑 돌게도 한다. 좋은 이야기를 들을 땐 인간에게 좌절의 벼랑에서 솟구치는 힘이 되고, 희망의 씨앗이 되기도 하고, 자기에게 주어진 비극의 처지를 약진의 발판으로 삼아 다시 일어나게 하는 용기의 힘이 되기도 한다.

저 구약성서에 나타난 이스라엘 백성들은 애굽의 종살이에서 하루하루가 지치고 절망에 빠져 있을 때 미디안 광야에서 돌아온 모세의 이야기를 듣고 주어진 처지를 약진의 발판으로 삼아 출애굽 하는 데 성공했다.

요동하는 홍해바다를 육지같이 건너기도 하고, 거칠고 메마른 광야 사막에서 길을 내기도 했다. 그래서 그들은 가나안 땅을 향하여

가서 마침내 가나안에 들어가는 새 역사 창조를 이룩하는 데 성공한 사람들이 되었다.

좋은 이야기는 우리 인간 삶의 피곤을 덜어주기도 하고, 위기를 기회로 만들기도 한다. 그래서 머리로 생각 하고, 눈으로 보고, 귀로 들어두었던 여러 가지 이야기들을 여러분과 같이 나누고 싶었다. 이 이야기가 우리 마음에 꽃동산이 되고 사람의 불행을 치료하는 희망의 약이 되었으면 하는 마음이 간절하다.

이야기를 하다보면 부족한 점들이 많고 지적 받아야 할 점들이 너무나 많이 있지만 그러나 그것보다는 살아보려고 발버둥치는 사람들에게는 생명의 구명대가 되고, 절망과 좌절을 딛고 일어서는 지팡이가 되기를 바라는 마음에서 용기를 가지고 썼다. 읽는 모든 사람들이 축제에 살고 희망에 살아갔으면 한다.

2014. 10. 9
북한산 밑에서
관동대학교 명예교수 김 정 훈 목사

▮차 례

제1부 성서의 명상

제2부 생각하는 이야기

제1부
성서의 명상

별것 아닌 것이 역사를 이룬다

마가복음 6장에는 예수님께서 보리떡 다섯 개와 물고기 두 마리를 가지고 5000명을 먹이신 이적의 역사가 기록되어 있다. 그런데 이 별것 아닌 오병이어가 역사를 이룬다.

성서에는 두 번째 출발의 이야기가 많다.
노아는 대홍수의 멸망에서 비둘기가 물고 돌아온 감람나무 잎 하나에 희망을 건다.
아람왕의 군대장관 문둥이 나아만은 요단강에서 일곱 번 목욕을 하라는 엘리사 선생의 말에 희망을 건다.
예수그리스도를 따르는 벳새다 광야의 굶주린 대중은 오병이어에 희망을 건다. 예루살렘에 있는 베데스다 못가의 38년 된 병자는 물의 동함에 희망을 건다.
혈루증을 앓는 한 여인은 예수그리스도의 옷자락을 손으로 만지는 데 희망을 건다.

팍스 크리스티나의 우화에는 이런 이야기가 있다.
실연당한 비둘기의 이야기이다.
실연당한 비둘기 한 마리가 나무 위에서 우울하게 앉아 있었다. 그 때 지나가던 참새 한 마리가 찾아와서 이런 말을 한다.

참새: 너는 왜 여기서 이렇게 실망을 하고 있느냐?

비둘기: 10번 찍어 안 넘어 가는 나무가 없다는 말은 진리가 아닌 것 같다.

참새: 왜 그러니?

비둘기: 왜냐하면 내가 비둘기 처녀에게 10번이나 "아이 러브 유" 하고 청혼을 했는데 10번 다 퇴자를 맞았어.

이때 참새가 말을 했다.

참새: 너 눈 한 송이의 무게가 얼마인 줄 아느냐?

비둘기: 별것 아닐 거야.

또 다시 참새가 말을 한다.

참새: 내가 어느 날 나무 가지에 앉아있었는데 눈이 왔다. 심심해서 눈 송이를 세고 있는데 324만 1952송이가 나무 가지에 떨어질 때 그 나무 가지가 부러졌어. 별것 아닌 것이 역사를 이룬다.

이 말을 듣던 비둘기가 알았다는 듯이 날개를 탁 치며 날아갔다. 그리고 다시 사랑하는 비둘기 처녀를 찾아가서 11번째 "아이 러브 유" 하고 사랑고백을 했는데 그 비둘기 처녀가 "예스" 했다는 것이다.

마태복음 5장 41절에는 억지로 오리를 가자하거든 10리를 동행하라고 했다. 처음 5리는 의무의 거리이고 책임의 거리이다. 그리고 다음 5리는 헌신의 거리이고 새 출발의 거리이다. 별것 아닌 5리의 거리가 변화와 감동을 주는 거리가 된다.

테레사 수녀는 인도에서 가난하고 병든 자와 같이 하루하루를 늘 같이 살았다는 것, 그것이 누적이 되어 노벨평화상을 받은 사람이다.

별것 아닌 것이 역사를 이룬다. 한 걸음 한 걸음이 천리를 이루고, 티끌이 모이면 태산이 된다. 그리고 한 방울 물이 모여서 바다를 이룸같이, 주님과 같이 한 걸음 한 걸음 걸어가는 이 발걸음이 우리로 하여금 천국에 이르게 하는 역사를 가져온다.

별것 아닌 것이 역사를 이룬다.

구름기둥 불기둥

옛날 이스라엘 백성들에게는 그들이 애굽을 떠나서 가나안에 들어갈 때까지 아주 신기한 초자연적인 현상들이 나타났다.

그것은 곧, 그들을 인도하는 낮의 구름기둥과 밤의 불기둥이다. 출애굽기 여러 장에서 구구절절 말하고 있는 이 현상은 하나님의 위대한 성령의 역사임을 우리에게 잘 말해주고 있다.

제일로 이 현상은 초자연적인 현상이다. 구름기둥 불기둥은 하나님의 초자연적인 현상으로써 하나님의 임재를 뜻하는 것이며, 하나님께서 이스라엘 백성의 인도자가 된다는 사실을 교훈하고 있다. 이스라엘 백성의 특이한 점은 여호와 하나님이 그들의 인도자가 되신다는 것이다.

그래서 오늘의 교회도 오늘의 신자도 우리의 인도자는 하나님이심을 알아야 한다. 기독교는 인간의 지혜와 인간의 힘으로 이루어진 조직체가 아니고 생명의 근원이신 여호와 하나님께서 주관하고 계신다는 사실을 알아야 한다.

노아가 120년에 걸쳐 만들었다는 방주나 유아 모세를 담아 나일강변에 버려졌다는 갈상자에는 인간의 사사로운 기술로 작동되는 핸들이나 키가 없다. 오직 하나님의 성령이 인도자이시다. 고로 오늘 우리교회의 인도자도 초자연적인 성령 구름기둥 불기둥이 주인이 되어 인도하는 것이다.

제이는 광야의 길잡이이다. 구름기둥 불기둥은 이스라엘 백성에게 있어서 빛의 진리로써 길 없는 광야에서 이스라엘 백성에게 길잡이가 되었다. 그리고 이 구름기둥과 불기둥은 이스라엘 백성에게는 인도하는 빛이 되고, 뒤를 쫓아오는 애굽 군사에게는 앞을 보지 못하게 하는 장애물이 되는 것이다.

그래서 하나님의 성령은 신자에게는 인도하는 밝은 빛으로 나타나지만 불신자에게는 흑암이 되는 것이다. 산을 오르는 스님에게는 흘러가는 물소리, 들려오는 바람소리, 지저귀는 새소리, 흔들리는 풀잎소리, 이 모두가 다 자기를 산사로 인도하는 길잡이가 되듯, 성서에 나타난 구름기둥 불기둥은 우리를 천국으로 인도하는 길잡이가 된다.

제삼은 생명의 불이다. 구름기둥 불기둥은 단순한 빛이 아니고, 이 불은 덥게 하기도 하고 불결하고 더러운 것을 태워 깨끗하게도 하는 불이다. 물이 외면을 깨끗하게 한다면 불은 내면을 깨끗하게 해 준다. 하나님은 오늘도 우리로 하여금 불을 두려워하지 않은 자리로 나아가기를 원하신다. 왜냐하면 우리 인간의 속성에서 불로 태워져야 하는 것은 태워 없애야하기 때문이다.

제사는 우리의 보호자이다. 구름기둥 불기둥은 앞서 전진하기도 하고, 뒤에 있기도 하고, 이스라엘 진陣 안에 들어오기도 하고, 이스라엘 백성

사이에 있기도 하고, 때에 따라 보이지 않을 때도 있었다.

여기에 주어진 뜻이 많다. 앞서 전진하는 기둥은 멀리서서 인도하는 하나님의 빛이고, 구름기둥 불기둥이 뒤에 있을 땐 뒤 따라오는 애굽의 군사가 이스라엘 백성을 볼 수 없게 하는 것이다.

이것은 성령께서 악한 사탄이 우리를 엿보지 못하게 하는 것이며 우리로 하여금 뒤로 물러가 침륜에 빠지지 않게 보호함이요, 또 인간이 자기 과거에 집착하지 말고 미래를 향하여 전진하라는 것이다.

제오는 하나님의 전이다. 하나님의 명령대로 성막이 다 완성되었을 때 이스라엘 백성들은 제물을 드리고, 그 제물을 하나님이 열납 하시는 표시로 손을 씻고 기름을 부었다. 이 때 주 하나님의 영광의 빛이 산을 덮고 구름이 내려와 지성소로 들어갔다고 했다.

이제 구름기둥과 불기둥은 지성소로 들어갔다. 이 지성소가 무엇인가? 이 지성소는 하나님의 교회인데, 고린도전서 3장 16절에서 너희(성도)는 하나님의 성령의 전이라고 했다. 그러므로 구름기둥 불기둥은 이제 우리 인간의 마음 안으로 들어온 것이다.

구름기둥 불기둥 곧, 성령이 우리 안에 계시면 옛날 이스라엘 백성들이 애굽을 떠나서 광야를 지나 가나안에 들어간 것 같이 우리가 하는 모든 행사에서 성령은 우리의 인도자이시고 천성을 향하여 가는 성도들의 길잡이가 되시는 것이다.

이제 우리는 우리 자신에게 이렇게 물어 보았으면 한다.

나는 전진하는 구름기둥 불기둥을 따라 나의 걸음도 같이 전진하고 있는가?

나는 이스라엘 백성같이 홍해의 깊은 바다와 요단의 큰 물결을 지나 왔는가?

나는 이스라엘 백성같이 나 자신을 약속의 땅으로 인도하도록 나를 하나님께 내어 맡겼는가?

나는 하나님의 성령을 거룩한 손님으로 나의 심령 속에 모시고 살아가고 있는가?

나는 지금 예수님을 영화롭게 하면서 살아가고 있는가?

광야에서 이스라엘 백성들을 인도한 구름기둥 불기둥은 오늘도 변함없이 우리 삶의 현장에서 당신과 나 그리고 우리 모두를 천국으로 인도하는 길잡이가 되는 것이다.

눈물의 선지자 예레미야를 생각한다

예레미야(B.C. 626~586)는 베냐민 지파 아나돗의 제사장 힐기야의 아들로서 이스라엘의 후기 선지자이다. 후기 선지자들 가운데 가장 우수한 인물 중 한 사람인 그는 모두가 마음心情의 선지자라고 부른다.

앗수르 군대가 예루살렘을 포위한 지 1세기 후에 이번에는 바벨론 군대와 애굽 군대가 유다왕국을 넘보고 있었다.

유다의 희망이 풍전등화와 같을 때 예레미야는 이런 시기에 태어나서 하나님의 부르심을 받았다.

여호와의 말씀이 내게 임하니라. 이르시되 내가 너를 모태에서 짓기 전에 너를 알았고, 네가 배에서 나오기 전에 너를 성별 하였고, 너를 여러 나라의 선지자로 세웠노라.(렘 1:5)

이 말씀에 예레미야는 옛날 모세처럼 나는 아이라 말을 할 줄을 모른다고 사양했다. 그러나 그는 환상 가운데서 하나님의 말씀이 입으로 쑥 들어가는 것을 느끼고 하나님의 소명을 받아들였다.

그는 멸망해가는 예루살렘을 바라보면서 이렇게 노래한다.
슬프다 이 성이여 본래는 거민이 많더니
이제는 어찌 그리 적막히 앉았는고.
본래는 열국 중에 크던 자가 이제는 과부 같고
본래는 열방 중에 공주 되었던 자가
이제는 조공 드리는 자가 되었도다.
밤새도록 애곡하니 눈물이 뺨에 흐름이여
사랑하던 자 중에 위로하는 자가 없고
친구도 다 배반하여 원수가 되었도다.(애 1:2)

예레미야는 유대의 선지자라기보다는 세계 만국의 선지자다. 당시 유대 민족들은 성전 건물을 형식적으로 의지했다. 그래서 예레미야는 신앙이 없는 마음을 꾸짖고 회개를 강조했다. 성전 중심의 신앙에서 마음의 종교를 역설하면서 모두가 하나님께로 돌아오라고 역설한다. 그리고 돌에 새긴 율법을 마음 판에 새기라고 강조했다.

그의 예언은 다음 4가지로 요약할 수 있다.
첫째는 인간 내면성을 강조한다. 거룩한 성전이란 곧, 자기 마음임을 강조한다.
둘째는 인간 개인성의 확립이다. 내가 하나님 앞에서 진정 바로 살아가고 있는가의 문제이다.
셋째는 속죄성의 강조다. 이것은 내 죄에 대한 철저한 하나님의 용서를 말하는 것이다.
넷째는 종말성에 대한 기대다. 즉, 모든 인간은 누구나 전능하신 하나님의 공정한 심판대 앞에 선다는 것이다.

시대와 민족을 초월하는 이 예레미야의 메시지는 인간으로부터 늘 거룩함을 강조하고 마음으로부터의 회개를 강조한다.

바벨론에 의해 조국이 멸망할 때 살아있는 메시지를 전했던 예레미야를 적군 바벨론은 그의 평화주의를 높이 인정하여 조국에 잔류를 허락했으나, 항전파 자기 동족들은 그를 이끌고 저 멀리 애굽으로 데려가서 애굽땅 타파네스에서 죽였다. 그래서 그는 자기 동족의 손에 죽임을 당하는 비운의 선지자가 되고 말았다.

오늘날 우리 목회자들도 눈물의 선지자 예레미야를 생각하면서, 생명을 다하기까지 분단된 조국 앞에서 정의를 외치고, 거룩함을 강조하고, 평화의 메시지를 전했으면 한다.

눈물의 선지자 예레미야를 생각한다.

소리 없는 말

철학자 소크라테스는 말을 많이 한 사람이다. 그리고 그는 말로써 진리를 규명했다. 반면에 예수그리스도는 말을 아끼는 사람이다. 그리고 그는 늘 침묵 속에서 진리를 규명했다.

잠언 20장 19절에는 말에 관한 기록이 있다. 두루 다니며 한담하는 자는 남의 비밀을 누설하나니 입술을 벌린 자를 사귀지 말지니라고 했다.

세상 사람들은 예수 믿는 사람들을 향해서 말이 많은 사람들이라고 한다. 이런 말은 신자들이 말을 하는 것만큼 행동을 하지 못하는 데서 오는 말이다. 우리는 소크라테스와 같이 말을 많이 해서 진리를 규명하든지 아니면 예수그리스도와 같이 침묵을 통해서 진리를 규명해야 한다.

밤하늘의 별들은 소리가 없으나 방향을 말하고, 바람은 눈에 보이지 아니하나 힘을 과시한다. 그래서 침묵을 금이라고 했는지 모른다.

1857년 프랑스의 화가 밀레는 『만종』이라는 그림을 그렸다. 이 그림은 저녁노을이 지는 들판에서 농부 부부가 고개를 숙인 채 기도를 하고 있다. 캐다가 만 감자가 바닥에 흩어져 있고 멀리 보이는 교회당이 아름다움의 극치를 이룬다.

밀레가 그린 이 명화 『만종(晩鍾)』은 『이삭줍기』와 더불어 많이 알려진 그림이다. 이 그림을 보면 하루 일을 마치고 농부 부부가 교회종소리를 들으며 기도하는 평화로운 그림으로 보인다. 하지만 이 그림에는 슬픈 이야기가 숨어 있다.

농부 부부가 바구니를 앞에 놓고 기도하고 있는데, 사람들은 그것이 씨감자와 밭일 도구를 담은 바구니로 알고 있다. 그러나 사실은 그 바구니에는 씨감자가 들어 있던 게 아니라 그들의 사랑하는 아기의 시체가 들어 있다고 전한다.

어려운 시절 배고픔을 참고 씨감자를 심으며 추운 겨울을 지내면서 내년 먼 봄이 오기를 기다리고 있지만 그들의 아기는 배고픔을 참지 못해서 죽고만 것이다. 죽은 아기를 위해 마지막으로 부부가 기도하는 모습의 그림이 『만종』이라는 것이다.

평론가 반다이크는 밀러의 그림 『만종』에서 3가지 신성을 이야기 했다.
제일은 종교적 신성이고,
제이는 노동의 신성이며,
제삼은 가정의 신성이다.

문제는 밀러가 이 그림을 그린 다음 자기 친구에게 이 그림의 이름을 붙여달라고 청하자, 그 친구는 '만종'이라고 했다. 만종 Evening-Bell, 저녁 종소리 아닌가? 이 그림에서 저녁 종소리가 들린다는 것이다.
그래서 우리는 밀러의 『만종』을 소리 나는 그림이라고 하는데, 소리가 없으나 소리가 울려 나오는 『만종』의 그림처럼 말이 없어도 말이 전해지는 크리스천이 되었으면 한다.

그런데 말은 혀와 관계되어 있다. 언제인가 하늘의 하나님이 두 천사를 불렀다. 그리고 두 천사를 향해서 임무를 주었다. 한 천사에게는 세상에 가서 제일 악한 것이 무엇인지 알아보고 찾아오라고 했고, 또 한 천사에게는 세상에 가서 제일 선한 것이 무엇인지 알아보고 찾아오라고 했다.

하나님의 명령에 두 천사는 세상에 와서 제일 선하고, 제일 악한 것을 각각 하나씩 가지고 하나님께로 갔다. 그런데 그들이 가지고 간 것은 똑같이 인간의 혀였다.

하나님은 물었다. "왜 선과 악이 똑 같은가?" 두 천사는 말했다. "이 혀에서 찬송과 저주가 나오고 있습니다. 혀는 능히 길들일 사람이 없나니 쉬지 아니하는 악이요 죽이는 독이 가득합니다. 그리고 또 한편으로는 하나님을 찬송하는 찬양이 나오고 있습니다. 이런 것을 보면 선하고 선한 것이 혀요 악하고 악한 것이 혀가 아니겠습니까?"

그래서 주의 제자 야고보는 '내 형제들아 너희는 선생 된 우리가 더 큰 심판 받을 줄을 알고 많이 선생이 되지 말라. 우리가 다 실수가 많으니 만일 말에 실수가 없으면 온전한 사람이라 능히 온 몸도 굴레 씌우리라. 한입에서 찬송과 저주가 나는 도다. 샘이 한 구멍으로 어찌 단물과 쓴물을 내겠느뇨. 내 형제들아 어찌 무화과나무가 감람 열매를 포도나무가 무화과를 맺겠느뇨.'라고 했다.

예수그리스도는 어제도 오늘도 변함이 없다고 한다. 우리도 예수그리스도 안에서 변함없는 신앙과 사랑을 가지고 우리의 입에서 변함없는 찬송과 기도가 있었으면 한다.

밤에 바라보는 서울 시내에는 많은 십자가가 하늘을 찌르고 있다. 사실 우리 집에도 여러 종류의 십자가가 있다. 옛날부터 십자가는 죄인을 나무에 달아 처형함으로써 죽음에 이르게 하는 형틀이다.

로마시대에는 죄인을 처형하는 기구로 T자 형태와 十자가 형태가 있었는데 예수님이 달리신 형틀은 十자가 형틀이라고 생각한다. 왜냐하면 그 형틀 위에는 '이는 유대인의 왕 예수'라는 죄 패가 붙어 있었기 때문이다.

이 십자가는 공포와 치욕의 이름이었다. 그런데 로마 사람들은 시민권을 가지고 있는 한 이 십자가 형벌은 가하지 아니했다. 다만 식민지인이나 잡혀온 노예에 대해서만 치욕과 혐오의 이 십자가의 형틀에서 사형을 시켰다.

예수그리스도가 이 치욕의 십자가상에서 죽었을 때, 제자들은 재빨리 이 십자가에 대하여 새로운 의미를 부여했다. 즉, 죄 없는 하나님의 아들 예수그리스도가 우리를 위한 대속물이 되셨음에 이 십자가는 대속의 상징이라 하였고, 또 바울은 이 치욕의 십자가가 우리의 자랑이라고 했다. 뿐만 아니라 이 십자가를 복음의 중심으로 또 전도의 목적과 사도들의 신념 중심으로 삼았다.

그런데 오늘 우리가 이 십자가를 보면 이 십자가는 말을 하고 있다. 그것은 곧 "나는 너를 위하여 십자가를 졌다"는 것이고, 또 찬송가에 있는 대로 "십자가에 달린 예수 믿기만 하면 구원을 얻는다."는 음성이 들린다.

아무리 생각을 해 보아도 우리는 이런 큰 축복을 받을 만한 아무런 자격이 없는 사람들이다. 그런데 이런 축복을 받고 산다. 정말 고맙고 감사할 뿐이다.

문제는 오늘 우리가 이 십자가를 바라보면서 또 다른 한 음성을 들었으면 좋겠다. 그것은 바로 "내 너를 위하여 십자가에 달렸는데 너 나 위해 무엇을 하였느냐." "나 십자가에 달림같이 너도 네 이웃을 위해하여 십자가를 지라."는 것이다.

그래서 오늘 우리는 이 십자가가 우리에게 말로 표현할 수 없는 무궁한 영광이지만 바로 거기에 또 내가 해야 할 의무의 십자가가 있음을 기억해야 한다. 말이 없는 십자가에서 많은 말을 들었으면 한다. 그리고 침묵하며 살아가는 우리의 삶속에서도 많은 말이 나왔으면 한다.

사도신경 일언

사도신경은 예수그리스도의 제자들이 성경을 요약해서 만든 신조이다. 계명 중에 계명이 십계명이요, 십계명보다 큰 계명이 사랑이라고 한다면 기도 중의 기도가 주기도이고, 신조 중의 신조가 사도신경이다.

사도신경은 그리스도를 중심으로 한 기독교회의 산물이고 또 그 기원은 성서에서 찾는다.

성서 속에는 예수그리스도에 대한 신앙고백이 많으나 그 대표적인 것이 마태복음 16장 16절, 주는 그리스도시요 살아계신 하나님의 아들이란 베드로의 고백이 그것이다. 어쩌면 우리 모두는 이 신앙고백 하나면 족한 지도 모른다.

사도들은 그리스도에 대한 이 신앙고백을 토대로 하여 우리가 믿어야 할 기독교 신앙 내용을 좀 더 구체적으로 표현했는데, 이것이 곧, 사도신경이다.

12마디로 된 이 사도신경은 오순절 성령의 강림으로 12사도가 한마디씩 고백했다는 전설이 있는데, 확실한 것은 사도들에 의해서 유래되었다는 것이다.

그리고 이 사도신경은 하나님, 교회, 인간 3부분으로 되어 있는데, 하나님과 인간 사이에 교회가 있음에 유의해야 한다.

내용을 요약해 보면,
나는 전능하사 천지를 만드신 하나님 아버지를 믿는다.
예수가 하나님의 독생자임을 믿는다.
예수가 성령으로 처녀 탄생했음을 믿는다.
예수가 고난을 받아 십자가에 못 박혀 죽으셨음을 믿는다.
예수가 장사 되었으나 다시 부활했음을 믿는다.
예수가 승천했음을 믿는다.
예수가 심판의 주로 다시 오심을 믿는다.
거룩한 영 성령을 믿는다.
하나님과 교통하는 공교회를 믿는다.
예수가 내 죄 사함을 믿는다.
예수와 같이 죽어도 사는 부활을 믿는다.
예수와 같이 천국에서 영생함을 믿는다.

이 12가지 신앙고백이 사도들의 신앙고백이요, 오늘날 우리 기독인들의 신앙고백이다.

사도신경은 모두 5항으로 되어 있다. 1항은 구약이고, 2, 3, 4, 5항은 신약이다.
제1항은 전능하사 천지를 만드신 하나님 아버지를 내가 믿는다 함은 구약 전체를 중심으로 한 고백이다.
제2항은 예수의 탄생과 수난과 죽음, 장사, 부활, 승천 그리고 재림을 믿는다 함은 복음서를 중심으로 한 고백이다.

제3항은 성령과 공교회 그리고 성도와의 교통(교제)을 믿는다 함은 사도행전을 중심으로 한 고백이다.

제4항은 속죄와 성도의 부활을 믿는다 함은 서신(21권)을 중심으로 한 고백이다.

제5항은 영생을 믿는다 함은 요한계시록을 중심으로 한 고백이다.

12마디로 된 이 신앙고백의 대부분이 예수에 관한 고백인 것을 보면 예수그리스도를 중심으로 한 신앙 고백임을 알 수 있다.

그리고 사도신경 원문에는 예수그리스도가 십자가에 못 박혀 죽으시고 장사 되어 음부에 내려갔다는 말이 있는데, 이는 아마도 연옥설을 거부하는 개신교회에서 신학자 캘빈을 비롯한 모든 개혁자들이 생략하고 수용하지 않은 것 같다.

사도신경, 잘 알고 하면 더 은혜로워진다.

사용하지 않은 달란트

마태복음 25장 15절에는 달란트의 이야기가 있다. 하나님께서 각각 그 재능대로 한 사람에게는 금 다섯 달란트를, 한 사람에게는 두 달란트를, 한 사람에게는 한 달란트를 주고 떠났다고 했다. 때가 되어 주인이 결산하는 날에 달란트를 사용하지 아니하고 가지고만 있었던 자에게 하나님이 내리는 징벌의 이야기다.

어제도 오늘도 항상 얻어먹고 사는 거지가 있었다. 그는 어느 날 하루 생각했다. 고향에서 같이 살다 헤어진 한 친구가 지금은 대갑부가 되어 서울에서 살고 있다는데, 내 한 번 찾아가서 도움을 청해야겠다. 이렇게 생각한 그 거지는 명동 거리를 지나가다 우연히 그 친구를 만났다.

그들은 인사를 한 후, 식당에 가서 맛있는 식사를 했다. 그리고 서로가 지나온 과거 이야기에 푹 빠졌다. 그리고 거지는 부자 친구를 보고 자기의 딱한 처지를 이야기하며 좀 도와 달라는 부탁의 말도 잊지 않았다. 밤이 되자 둘은 술과 과일을 사들고 여관으로 갔다.

그들은 여관에서 지나온 옛 이야기와 함께 주고받는 술잔에 취해 곧 잠에 푹 빠졌다. 아침에 부자친구가 일어나서 보니 거지 친구는 아직도 코를 골며 곤드레만드레 잠을 자고 있었다. 빨리 회사에 출근을 해야 하는 그는 옷을 입고 방문을 열고 나오는데, 귀에서 쟁쟁거리는 소리가 났다. '친구여 나를 좀 도와주게나.' 그는 지갑에서 백지 수표 한 장을 꺼내서 잠자는 친구의 바랑에 넣어놓고 혼자 여관방을 나왔다.

그리고 오랜 세월이 흘렀다. 수십 년의 세월이 흐른 어느 날, 시장 어귀에서 우연히 그때 그 친구와 또 마주친 것이다. 친구는 변함없이 옛날 거지의 신세로 나타났다. "여보게, 자네 지금도 거지로 사나?" 이 질문에 거지는 말을 했다. "부자인 자네가 내 친구랍시고 좀 도와 달라고 부탁을 했는데도 자네까지 나를 외면했는데 이렇게 사는 수밖에 없지 않는가." 이 말에 부자 친구는 말했다. "친구여, 내가 옛날에 자네와 만나서 한 방에서 자고 아침에 나올 때 자네 바랑에 마음대로 쓰라며 백지 수표 한 장을 넣어두었는데 지금까지 사용을 안 했나……."

사용하지 않은 달란트는 아무런 소용이 없다. 강영우 박사는 우리나라 맹인박사 제1호이다. 그는 어린 시절 아버지를 잃었다. 그리고 14살 때는 축구를 한번 해보겠다며 공을 차다가 상대가 차는 공에 맞아 실명을 했다. 이로 인해서 어머니는 충격을 받아 뇌일혈로 세상을 떠났다. 생각해보면 세상에 이런 불행이 또 어디에 있겠는가?

3남매의 가장이 된 그는 친구의 인도로 교회에 가서 목사님의 설교를 들었다. 목사님의 설교 내용은 이것이다. "여러분, 우리는 아직도 남아 있는 것에 대해 감사해야 합니다. 부정적인 생각보다는 항상 긍정적인 사고를 가지십시오. 그리고 무슨 일을 당해도 좌절하지 말고 희망을 가지십시오." 이 목사님의 설교에서 그는 자기의 비참한 처지를 약진의 발판으로 삼기로 했다.

그런데 그 후 어느 날 그는 주 1일씩 장애자 돕기에 나선 숙명여자대학교 영문과에 다니는 여대생을 만났다. 장애자 돕기에 나온 그 여대생의 지극한 사랑과 도움 속에서 서로가 가까워지고 누이동생 하다가 결국 결혼을 했다. 그 후 연세대학교 교육학과를 졸업한 그는 미국으로 건너가 피츠버그대학에 입학하였으며, 졸업 후에 그곳에서 연구한 끝에 박사학위를 받고 동대학교의 교수가 되었다.

언제인가 캐나다에서 열린 NGO 모임에서 그는 강사로 부름을 받았다. 세계경제가 어려워 좌절하고 있는 2500여명의 NGO 회원들의 주고받는 대화는 모두가 다 안 된다, 안 된다, 야단이 났다, 도산이다, 폐업이다 하며 절망 가운데서 좌절의 이야기를 하고 있었다.

이때 강영우 박사는 자기 자신의 이야기를 했다. "여러분, 저는 모든 것을 잃은 맹인이었습니다. 그러나 아직도 남아있는 것에 대한 감사와 부정보다는 긍정, 좌절보다는 희망을 가지고 노력했는데, 오늘에 와서 이 맹인도 대학의 교수가 되었습니다."라고 했다. 이 말에 2500명의 NGO 회원들은 기립박수를 했다.

그 후 강영우 박사는 부시 대통령의 부름을 받아 미 백악관에서 종교 사회 봉사부문의 자문위원이 되었고 국가장애위원회 정책차관보가 된 것이다. 인간은 안 된다, 안 된다 하는 사고방식에서 벗어나서 나는 할 수 있다, 할 수 있다 할 때 하나님의 손길이 함께 하는 것이다.

인간은 항상 자기 자신의 달란트를 어떻게 사용하고 사는가에 따라서 삶의 문제가 달라진다. 우리도 언제나 남아 있는 것에 감사, 부정보다는 긍정, 좌절하기보다는 희망에 살아가야 한다.

하나님은 우리 모두에게 많은 달란트를 주셨다. 그런데 사용하지 아니하는 달란트는 아무런 의미가 없다. 뿐만 아니라 오히려 많은 지탄의 대상이 된다. 착하고 충성된 종이란 다름 아닌 달란트를 많이 사용하고 이윤을 남기는 사람들이다.

성만찬의 단상

마가복음 14장에는 성만찬의 이야기가 기록되어 있다. 예수그리스도는 마가 다락방에서 제자들과 같이 음식을 잡수실 때 떡과 잔을 드시고 이것은 내 몸이요 이것은 내 피라고 했다. 이때 가진 만찬을 우리는 예수님의 성만찬이라고 부른다. 이 엄숙한 예식이 끝나자 예수그리스도는 제자들을 보고 너희는 다 나를 버리리라고 했다. 이때 베드로는 다 주를 버릴지라도 나는 그렇지 않겠다고 했다. 주와 함께 죽을지언정 주를 부인하지 않겠다는 것이다.

다른 제자들도 같은 말을 했다. 그러나 예수그리스도가 십자가상에서 죽은 후, 한결같이 모두 예수를 버리고 자기의 본업으로 돌아갔다. 다 주님을 버릴지라도 나는 주님을 버리지 않겠다고 장담했던 수제자 베드로까지 주님의 말씀대로 다 주님을 버렸다.

요한복음 21장에는 성 조찬의 이야기가 기록되어 있다. 예수그리스도는 부활 후 갈릴리 해변으로 가셨다. 그곳에 가서 자기를 배반하고 다시 자기의 본업으로 돌아가 고기를 잡고 있는 제자들을 만났다. 이 제자들을 본 예수그리스도는 "이 배반자들아!" 하지 아니 하시고 조용히 "고기가 있느냐?"라고 물었다.

제자들은 자기들에게 묻는 사람이 누구인 줄도 모르고 밤이 새도록 그물을 던졌으나 고기를 한 마리도 못 잡았다고 말했다. 고기 잡는 전문가였는데도 한 마리의 고기도 못 잡았다는 것이다. 여기서 주는 교훈은 아무리 고기를 잘 잡는 전문가라 할지라도 예수를 믿다가 불신의 옛날로 돌아가면 잘되는 일이 하나도 없다는 교훈을 준다.

예수를 버리고 자기의 본업으로 돌아가서 고기를 잡는 제자들에게 부활하신 주님께서 찾아 가셨다. 밤새 허탕을 친 제자들에게 예수는 배 오른편에 그물을 던지라고 명했다. 순종한 결과 제자들은 많은 고기를 잡았다. 이때 제자들은 영안이 밝아져서 그가 바로 주님인 줄을 알았다.

예수께서는 그들에게 말씀하셨다. "와서 아침을 먹어라." 이 말씀에 제자들은 어느 누구도 감히 "선생님은 누구십니까?"라고 묻는 사람이 없었다. 왜냐하면 그가 주님이신 줄을 이미 알았기 때문이다. 예수께서 가까이 오셔서 빵을 들어 그들에게 주시고, 또 생선도 주셨다. 이것은 부활 후에 주님께서 제자들에게 베풀어 주신 성 조찬이다.

예수님은 제자 베드로에게 "네가 나를 사랑하느냐?"라고 물었다. 세 번의 질문에 세 번씩이나 주님을 사랑한다고 대답했다. 그 후 베드로는 바티칸 언덕에서 십자가에 거꾸로 못 박혀 죽을 때까지 주님의 양을 먹이는 참 목자가 되었다.

성만찬에 참여했던 제자들은 주님께서 십자가에 달릴 때 모두들 주님을 버리고 갈릴리로 가서 고기 잡는 어부가 되었지만, 여기 성 조찬에 참여했던 제자들은 주님의 양들을 위해서 목숨을 바치는 그리스도의 참된 목자가 되었다.

주께서 베풀어 주신 성만찬은 2000년 전 예수님이 살아계실 때 마가 다락방에서 있었고, 주께서 베풀어 주신 성 조찬은 2000년 전 예수님의 부활 후에 갈릴리 해변에서 있었다.

본인은 1980년 8월 미국의 샌프란시스코 신학대학원에서 10주간의 목회 연수를 받은 적이 있다. 연수 마지막 날 강의를 다 끝낸 교수님께서 원생들에게 자판기에 가서 각기 커피 한 잔씩을 뽑아오라고 했다. 무슨 영문인지도 모르고 아무런 생각 없이 모두들 커피를 뽑아왔다. 교수님은 자기 가방에서 길고 가느다란 초콜릿을 꺼냈다.

교수님은 간절한 기도 후에 우리들에게 초콜릿을 나누어 주었다. 그리고 또 기도한 후에 우리가 사온 커피를 마시라고 했다. 그는 우리에게 특별한 말이 없었지만, 누가 보아도 종강의 거룩한 성찬임이 분명했다. 정말 간소하고 소박하면서도 깊이 있고 뜻있는 성찬식이었다고 생각한다. 그 후 우리는 이것을 강의실의 종강성찬이라고 했다.

고난주간에 앞서 많은 교회에서는 성찬식이 거행되고 있었다. 성찬식을 준비하는 권사님들은 검정색의 옷을 입고 흰 색 앞치마를 했다. 그리고 머리가 흰 원로 장로님들은 엄숙히 떡과 잔을 들었다. 떡과 잔을 돌리기 전 목사님은 이런 기도를 했다.

"하나님 아버지, 예수님께서 떡을 가지사 축사 하시고 떼어 가라사대 이것은 내 몸이라고 했습니다. 이 종도 예수그리스도의 이름을 높이 받들어 성부와 성자와 성령의 이름으로 이 떡을 사랑하는 성도들과 같이 나눕니다. 이 떡을 먹는 우리 모두로 하여금 예수그리스도께서 우리를 위하여 십자가상에서 못 박혀 돌아가심을 이 떡을 먹는 것처럼 확실히 믿게 하소서." 이렇게 기도한 후 모두들 "아멘" 하고 성찬에 참예했다.

또 잔을 들고 기도했다. "하나님 아버지, 예수님께서 이 잔을 가지사 축사 하시고 이것은 내 피라 하시던 주님, 이 종도 예수그리스도의 이름을 높이 받들어 성부와 성자와 성령의 이름으로 이 잔을 사랑하는 성도들과 같이 나눕니다. 이 잔을 마시는 우리 모두로 하여금 예수그리스도께서 우리를 위하여 십자가상에서 피 흘려 죽으심을 이 잔을 마시는 것처럼 확실히 믿게 하소서." 이렇게 기도한 후 모두들 "아멘" 하고 성찬에 참예했다.

떡을 나눌 때마다 성찬위원들은 '이 떡은 예수그리스도의 몸입니다.' 했고, 성도들이 잔을 들 때마다 '이 잔은 예수그리스도의 피입니다.'라고 했다. 그리고 모든 성도들은 '아멘, 아멘' 하고 성찬식에 참예한 것이다.

바로 이때 설교단 뒤에서는 대형 스크린이 위에서 내려오고 화면에는 십자가에 달려 피 흘리신 예수그리스도의 영상이 나타났다.

로마 군병들이 예수그리스도의 손과 발에 못을 박는 망치 소리가 땅땅 울리고 군병들의 창에 찔린 예수그리스도의 가슴에서는 붉은 피가 흘러나온다. 그리고 아무 흠도 없고 거룩하신 하나님의 어린양 예수그리스도가 십자가상에서 죽임을 당했다는 성가대의 찬양이 울려 퍼질 때 여기저기에서 회심의 울음 섞인 기도 소리와 함께 아멘, 아멘 한다.

이 떡을 먹으며 이 잔을 마시는 자마다 주께서 나를 위하여 십자가상에서 못 박히신 주님의 몸과 피임을 모두가 확신하는 것이다. 나 위하여 십자가 위에서 못 박혀 죽으신 주님의 몸, 나 위하여 형벌 받고 내 대신 피 흘리신 주님의 보혈, 이것이 영생하는 양식이요 영생하는 음료라고 모두가 믿는다. 이것은 오늘날 현대교회의 성찬식이다.

오늘 우리 가정의 성찬식은 어디에 있을까? 우리 가정의 성찬은 사랑하는 아내가 차려주는 밥상 공동체에 있다. 우리는 식구와 같이 밥을 나눈다. 밥을 나누는 이 자리가 기쁨의 자리가 되고 즐거움의 자리가 된다. 사랑이 깃든 한 공기의 밥이 영생의 양식이요, 된장냄새 물씬 풍기는 장국이 영생의 국이다. 이것은 우리 가정의 성찬이다.

누가 뭐래도 나는 이 가정의 성찬을 예수님께서 우리에게 주시는 몸이요 피라고 생각한다. 은쟁반의 떡보다 금잔의 포도주보다 질그릇 속의 밥과 뚝배기의 장국이 주님께서 우리에게 주시는 영생하는 양식이요, 영원한 생수라고 생각한다. 그래서 우리 집 밥상 공동체가 기쁨과 즐거움의 자리가 되고, 우리 집의 성찬으로 알고 남은 생도 살아가고 싶다.

아홉 번째 계명

성서의 십계명 중 9번째는 거짓말을 하지 말라는 것이다. 오늘날 많은 사람들이 이 계명에는 모두 무감각증에 걸려 있다. 왜냐하면 거짓말을 밥 먹듯 하면서도 죄의식을 가지지 않는 데 문제가 있다. 서구사람들은 간음하지 말라는 제7계명보다 9번째 계명을 더 중죄로 여긴다. 그리고 아랍 무슬림인들은 거짓말을 했다는 사실이 증명되면 칼로 혀를 자른다.

우리나라 사람들의 거짓말 종류를 보면 다양하다.
첫째는 도덕적 교육용 거짓말이다. 옛날 서당에서 공부하는 세 아이들이 길을 가다가 길에서 동전 하나를 주웠다. 셋이 서로 자기 것이라 싸우다가 나눌 길이 없자 거짓말을 제일 잘하는 아이가 그 돈을 가지기로 했다.

먼저 한 아이가 말을 했다. 우리 아버지는 태풍에 지리산이 쓰러진다며 지개 작대기로 산을 받치러 갔다고 했다. 다음 아이는 우리 어머니가 날이 가물다면서 열 마지기 논에 오줌을 누러갔다고 했다. 이때 마지막 아이는 우리 누나는 장마가 지루하다며 바늘로 하늘을 꿰매러 갔다고 했다. 이들이 싸우면서 서로가 결론을 내리지 못하자 마을 서당 훈장님을 찾아가서 결론을 내리기로 했다.

서당 훈장님이 이 말을 듣고선 "이 고얀 놈들. 나는 평생 한 번도 거짓말을 한 적이 없거늘 거짓말 내기를 하다니." 하자 아이들은 "와! 이 돈은 훈장님의 것이다. 훈장님이 이겼다."고 했다. 그래서 한 번도 거짓말을 해본 적이 없다는 훈장님의 말이 제일 큰 거짓말이라는 것이다.

둘째는 선의의 거짓말이다. 사람이 병에 걸려 죽어 가면서도 "나는 괜찮아, 염려 하지 마라." 하고, 배가 고프면서도 자녀들을 위해서 "나는 괜찮아." 하는 사람들을 두고 하는 말이다. 이런 말은 선의의 거짓말이다.

셋째는 정치가들이 잘 사용하는 무지갯빛 공약 거짓말이다. 안 되는 줄 뻔히 알면서도 쇠가죽을 덮어쓴 얼굴로 된다고 하면서 약속을 하는 아부형 거짓말이다.

넷째는 통계적 거짓말이다. 전쟁에 나가 싸우다 죽는 사람이 교통사고로 죽는 사람보다 더 적다면서 전쟁에 나가 싸우는 것이 사회생활보다 더 안전하다고 말하는 거짓말이다.

다섯째는 새빨간 거짓말이다. 자신의 이득이나 편리함 때문에 천하의 모든 사람들이 다 나쁜 줄 아는 데도 남을 속이는 거짓말이다.

이상의 거짓말들은 모두가 자기의 성장을 가로막는 장애물이요, 종교적으로나 도덕적으로나 교육적으로나 법률적으로 절대 악이다.

통계에 의하면 미국사람들은 대략 하루에 13번씩 거짓말을 한다고 하는데 우리나라 사람들은 13의 제곱이라는 말이 있다. 정말 우리나라 사람들은 투기, 부도, 부정축재를 하고서도 죄의식이 없다. 가정이 파괴되고 국가가 빚을 지고 교회가 욕을 먹어도 자기만 잘 되면 좋다고 생각한다.

옛날에는 이웃을 위한 홍길동이나 임꺽정 같은 의적도 있었는데 지금은 그런 의적도 없다. 말로는 선진국, 선진국 하면서도 기초질서조차 제대로 지키지 못하는 우리다. 인간이 병이 있는데 이 병을 고치지 아니하면 죽는다. 이런 병은 모두 아홉 번째 계명, 거짓말 하지 말라는 하나님의 계명이 허물어졌기 때문이다. 이 계명이 허물어지면 다른 계명 즉, 불효, 살인, 간음, 도적질, 탐심도 연쇄적으로 허물어진다.

아담은 선악과를 자기가 따먹었다. 그런데도 그 책임을 여자에게 돌렸는데 그 여자는 또 뱀에게 그 책임을 전과했다. 이것도 거짓말이다. 사람들의 핑계를 보면 아이가 넘어지면 돌 뿌리를 탓하고 아들이 행실이 나쁘면 친구를 탓한다.

고등학교 학생들이 대학시험에 떨어지면 재수가 없다고 한다. 그리고 사업에 실패를 하면 운명의 신이 자기편에 서 있지 않다고 한다. 무당이 굿이 안 되면 마당이 기울다고 한다. 가정의 일이 잘 안되면 조상의 탓이라면서 무덤을 파헤친다. 이런 모든 핑계에는 그 밑에 제9계명인 거짓이 깔려있다.

우리는 거짓말 하지 말라는 성서의 제9계명을 꼭 마음에 새기고 정직하게 살았으면 한다.

익명의 예수

부활절은 춘분이 지나고 만월(음력 15일) 다음 첫 주일로 되어 있다. 이것은 부활절의 공식이다. 부활을 부정하기 위해서 도적설, 환상설(가현설), 지진설, 기절설 등 여러 가지 학설들이 있어서 예수그리스도의 부활을 부정해보려고 했으나 모두가 예수의 부활 사실을 가로막지는 못했다.

부활에 있어서 가장 큰 문제는 예수님께서 살아 계실 때 부활에 대한 교육을 제자들에게 여러 번 했는데도 불구하고 부활을 믿지 않는 데 있다. 또 부활 후에 예수께서 막달라 마리아, 도마, 베드로, 엠마오로 가는 두 제자, 열한 제자, 오백여 문도 등 무려 11번이나 나타났는데도 불구하고 그들은 부활을 믿지 아니했다. 뿐만 아니라 엠마오로 가는 두 제자는 예수그리스도와 같이 온 종일 동행을 하면서도 예수를 몰랐다.

예수님의 제자들이 예수그리스도를 만났는데도 불구하고 왜 예수님을 알아보지 못하고 두려워하고, 반신반의하고, 무서워했을까? 그것은 부활의 주님은 형태(Form)를 보고서 아는 것이 아니고 본질(Substance)을 보고서 알 수 있기 때문이다. 부활의 주님은 익명의 예수, 변형된 예수그리스도이기 때문에 본질이 아닌 형태로는 알 수가 없다.

예수그리스도는 십자가상에서 죽어 장사된 지 삼 일만에 부활을 했다. 그리고 갈릴리바다에서 고기를 잡는 베드로와 다른 제자들을 찾아갔다. 그런데 제자들은 예수그리스도를 알아보지 못했다. 예수그리스도가 죽은 지 겨우 삼일 만인데 왜 제자들은 예수그리스도를 몰라봤을까? 그것이 바로 부활의 예수그리스도는 예나 지금이나 사진이나 그림 속의 예수님같이 나타나지 아니하고 익명의 예수로 여러 형태로 나타나기 때문이다.

그래서 우리는 항상 겸손하고 두렵고 떨리는 마음으로 내 이웃을 잘 대해야 한다. 왜냐하면 오늘도 우리가 만났던 사람, 그가 바로 익명의 예수가 아닌가 싶기 때문이다.

부활의 예수는 소록도에서 나병환자를 돕는 손양원 목사나, 아프리카의 구원을 위해서 선교하다 사자의 밥이 된 토마스 목사나, 하와이 모르가이 섬에서 나병환자를 구원하기 위해서 스스로 문둥이가 된 성 다미엔 신부나, 인도의 빈민가에서 생애를 바친 테레사 수녀처럼 그렇게 우리에게 나타날 수도 있다.

또 지나가는 나그네처럼, 이름을 알 수 없는 한 주막집 아주머니처럼, 구걸하는 거지처럼 우리에게 나타날 수도 있어서 우리는 매사에 조심을 해야 한다. 그리고 또 우리 자신도 부활하신 예수그리스도의 모습을 보여 주기 위해서 노력해야 한다. 왜냐하면 부활하신 주님은 형태가 아니고 본질이기 때문이다.

오늘도 우리 집 초인종을 울리고 지나간 저 거지가 변장하신 우리 주 예수그리스도, 익명의 예수가 아닐까 생각하면 온몸이 오싹해진다. 그래서 모든 사람에게 친절하고 겸손하고 정직하고 착해야 한다.

그리스도는 이집의 주인이시오, 눈에 보이지 않는 손님이시며, 모든 대화에 듣는 이심을 기억해야 한다. 정말 영안의 눈을 뜨지 아니하면 엠마오의 제자처럼 우리도 주님과 같이 동행을 하면서도 주님인 줄을 모른다. 부활의 주님을 만나는 사건이 우리 모두의 삶속에 늘 계속 되었으면 하는 마음이 간절하다.

제2의 엑서더스가 주는 교훈

성서에는 엑서더스의 사건이 기록되어 있다. 하나님은 아브람에게 말씀하셨다. 너는 똑똑히 알고 있거라. 너의 자손이 다른 나라에서 나그네살이를 하다가 마침내 종이 되어서 사백 년 동안 괴로움을 받을 것이다. 그러나 너의 자손을 종살이하게 한 그 나라를 내가 반드시 벌할 것이며, 그 다음에 너의 자손이 재물을 많이 가지고 나올 것이다.

이 하나님의 말씀대로 이스라엘 백성들은 400년의 긴 세월동안 애굽의 종살이를 했다. 그리고 후에 모세의 인도로 애굽을 탈출하여 그들은 가나안땅을 향하여 가서 마침내 가나안땅에 들어갔다. 이것을 우리는 이스라엘 백성의 제1 엑서더스라고 부른다.

예레미야 25장 11절에는 '이 땅은 깡그리 끔찍한 폐허가 되고, 이 땅에 살던 민족은 칠십 년 동안 바빌로니아 왕을 섬길 것이다' 하였고, 29장 10절에는 '나, 주가 분명히 말한다. 너희가 바빌로니아에서 칠십 년을 다 채우고 나면 내가 너희를 돌아보아 너희를 이곳으로 다시 데리고 오기로 한 나의 은혜로운 약속을 너희에게 그대로 이루어주겠다'고 했다.

이 예레미야의 예언대로 가나안에 들어가 살던 이스라엘 백성들은 또 바벨론의 포로로 잡혀갔다. 그 이유는 이스라엘 백성들이 기나긴 세월 동안 애굽의 노예생활에서 해방이 되어 가나안땅에 들어갔지만 그들은 과거를 망각하고 자만하고 살았기 때문이다. 그들이 지나간 자기들의 역사를 잘 알고 현실을 대처했다면 그런 불행은 없었을 것이다.

그런데 그들은 가나안에 들어가 살면서 하나님을 버리고 우상을 섬기며 부정을 하고, 예언자들의 예언을 멸시했다. 그리고 가난한 자들의 재물을 착취하며 그들의 인권을 유린한 것이다. 이 결과로 이스라엘 왕국은 분열이 되고 분열된 백성들은 바벨론 포로로 잡혀 갔다. B.C. 606년 여호야김 4년부터 536년 고레스 3년까지 70년 동안 고난을 당했다.

이스라엘 백성들이 칠십 년의 긴 바벨론의 포로생활을 하고 있을 때 하나님은 다시 그들로 하여금 예루살렘으로 돌아오는 기회를 주었다. 그 이유는 그들이 포로생활 중에서 다시 선민의식을 깨닫고 확고한 신앙 속에서 현재의 원망보다 과거를 반성하고 살았기 때문이다.

그들은 그들에게 주어진 고난의 의미를 잘 읽고 하나님을 더욱 가까이 했다. 곧, 회개한 것이다. 이 결과로 이스라엘 백성들은 바벨론 포로에서 다시 돌아올 수 있었는데, 이것을 우리는 제2의 엑서더스라고 부른다.

우리 대한민국의 엑서더스는 무엇일까? 우리민족의 엑서더스는 일본으로부터의 해방이다. 해방된 우리가 바벨론의 포로가 된 이스라엘 백성같이 또 지배자의 종이 되지 않기 위해서는 아모스 선지의 예언처럼 공의를 물처럼 흐르게 하고 정의를 마르지 아니한 강물같이 흐르게 하면서 살아가야 한다.

만약 우리가 이스라엘 백성같이 나라를 세우고 살면서도 감사 할 줄 모르고, 계속 부정하고, 지식인들의 말을 무시하고, 인권을 유린하며, 가난한 자를 멸시한다면 또다시 우리는 강대국들의 포로가 되는 것이다. 엑서더스의 교훈은 여기에 있다.

그런데 오늘 우리의 현실은 어떠한가? 정치인들은 부정을 하고, 관리들은 지식인들의 말을 듣지 아니한다. 부자는 가난한 자를 멸시한다. 그리고 인권이 유린되고 있다. 가는 곳마다 우상을 숭배한다.

우리가 여기에서 회개하지 아니하고 계속 죄를 지으면 출애굽 한 이스라엘 백성이 또다시 바벨론의 포로가 되는 것처럼 우리는 또 강대국의 노예가 되고 만다.

우리는 마음에 정의의 안테나를 높이 세우고 하나님의 말씀에 귀를 기울이고 살았으면 한다.

이름값을 해야 한다

'새로운 사람'이라는 뜻의 이름을 가진 '에녹'은 창세기에서 두 사람이 등장한다. 한 사람은 아담의 아들 살인자 가인의 후손에서 태어난 에녹이고, 한 사람은 아담의 아들 순교자 아벨 대신으로 얻은 셋의 후손에서 태어난 에녹이다.

이 동명이인同名異人 에녹을 통해서 하나는 반역자의 대가 이어지고, 다른 하나는 신앙인의 대가 이어져 간다. 살인자 가인은 에덴 동쪽 놋 땅에 살면서 에녹을 낳았다. 그가 아벨을 죽인 다음 자기를 찾아오신 하나님을 향하여 "무릇 나를 만나는 자마다 나를 죽이겠나이다."라고 하던 그는 늘 공포와 불안감에 사로잡혀 도성을 쌓고 살았다. 그리고 그 성의 이름도 에녹이라고 했다.

이 에녹의 증손자가 라멕인데, 라멕은 두 아내의 남편이 됨으로써 인류 최초의 일부다처의 시작을 알리는 사람이 되었다. 뿐만 아니라 라멕의 글 "검의 노래"(창 4:23~24)를 보면 두발가인이 만든 검으로 자기 비위에 거슬리는 사람은 모조리 죽이겠다고 복수를 다짐하고 있는데 성서에서 이 노래를 읽을 때마다 가슴이 싸늘해지고 몸이 오싹해진다. 그리고 오늘의 현대사회가 도덕적으로나 정신적으로 얼마나 이 라멕의 시대와 흡사한가를 잘 알 수 있다.

한편, 순교자 아벨을 대신한 셋의 후손들은 일찍부터 하나님을 잘 믿었다. 그리고 이 셋이 에노스를 낳은 후에 비로소 사람들이 여호와의 이름을 불렀고(창 4:20) 이 셋의 5대손이 에녹이다. 그리고 그 다음 7대손이 우리가 잘 아는 믿음의 사람, 홍수의 주인공 노아이다.

여기 5대손 에녹이 300년 동안 하나님과 동행하다가 죽음도 없이 살아서 승천한 사람이다. 죽음을 보지 않고 산 채로 들려 하나님께 올라간 이 유명한 에녹에 관한 사건은 아쉽게도 성서에서 단 4절로써 끝을 맺는다.

이렇게 해서 동명이인 에녹의 이야기는 마치 하늘을 나는 새의 두 날개 같이, 농부가 꼬는 새끼줄같이 선과 악이 교차되면서 오늘에까지 역사가 이어오고 있다. 그래서 이 선과 악은 지금도 우리의 삶속에 깊이 뿌리박고 있는 것이다.

그런데 인간이 하나님과 동행한다는 삶이란 무엇을 말하는가? 그것은 하나님의 말씀에 순종한다는 신앙생활을 말한다. 신앙생활이란 결코 어떤 극적인 비참한 체험만을 이야기 하는 것이 아니고 하루하루의 평범한 일상생활을 반복하면서 기도하고 묵상하며 정의의 안테나를 가슴에 품고 살아가는 삶을 말한다.

마치 일제 강점기나 6 · 25 공산 치하에서 죽느냐 사느냐, 순교냐 신앙의 포기냐 하는 두 긴박감이 감도는 극한 상황만을 가늠하는 것이 아니고 평범한 일상생활 속에서 자기의 건강을 어떻게 관리하며, 가지고 있는 시간을 어떻게 선용하며, 있는 재산을 어떻게 사용하는가에 따라서 하나님과의 동행하는 신앙생활의 척도가 되는 것이다. 그래서 무엇이든지 남용은 죄가 된다.

하나님의 사람 아벨의 후예로 태어난 에녹은 그 시대에서 멸망의 때를 미리 감지했다. 그리고 세상의 모든 것은 꿈결이며 그림자요 허영임을 잘 알았다. 그리고 인간의 삶의 종착역에는 뇌물이나 변명으로는 통하지 아니하는 하나님의 정의의 심판이 있음을 깨달았다. 그래서 그의 삶은 이 세상에서는 터럭만한 미련도 없음을 잘 말해준다.

300년 동안 하나님과 동행하며 살다가 하나님 나라로 간 에녹을 향해서 히브리서 기자는 "하나님이 그를 옮기심으로 다시 보이지 아니하였느니라. 그는 옮기우기 전에 하나님을 기쁘시게 하는 자라 하는 증거를 받았느니라."(히 11:5)고 했다.

오늘 우리 크리스천은 에녹과 같이 이 세상에서 하나님과 동행하다가 세상 끝 날에 하나님이 데려가심으로 하나님의 영광에 동참하는 자가 되기를 간절히 소원하고 있다. 우리는 비록 에녹같이 육체를 입은 채로 하늘나라에 못 간다 하더라도 우리는 이미 그리스도와 같이 이 세상에서 동행하고 있는 성도요 하나님의 거룩한 시민이다. 왜냐하면 예수님이 오신 후 천국은 이미 이 세상에 임하여 있으니까.

살인자 가인의 후예에서 태어난 에녹은 새로운 사람으로 살아가라고 에녹이라 이름 지어주었지만 그는 이름값을 하지 못하고 살았다. 사람에게 아무리 좋은 이름을 지어준다 할지라도 그 사람의 삶이 따라주지 아니하면 그는 늘 악인으로 남아 있다.

같은 이름 두 에녹이 서로 다른 삶의 두 에녹으로 살아간 모습을 보면서 우리 모두는 이름값을 하면서 살아갔으면 한다.

기도의 교훈

누가복음 11장에는 기도에 대한 예수그리스도의 교훈이 기록되어 있다. 예수께서 어떤 곳에서 기도하고 계셨는데, 기도를 마치셨을 때에 제자들 가운데 하나가 말했다. "주님, 요한이 자기 제자들에게 기도하는 것을 가르쳐 준 것과 같이 우리에게도 기도를 가르쳐 주십시오." 이 간절한 요구에 예수님은 여행 중에 찾아온 친구를 위해서 빵 3개를 빌리러 간 사람의 예를 들었다. 이 기도에서 우리는 다음과 같은 교훈을 배운다.

첫째, 우리는 이유 있는 기도를 해야 한다. 내 힘으로는 할 수 없을 때 하는 기도이다. 벗이 여행 중에 왔는데 내가 가진 것이 하나도 없다. 그래서 구하는 것이다.

둘째는 열심 있는 기도를 해야 한다. 예수그리스도는 '구하라 주실 것이요, 찾으라 찾을 것이요, 문을 두드리라 열릴 것이니라.'고 했다. 그래서 우리는 주실 때까지 구하고 찾을 때까지 찾고 열릴 때까지 두드리는 것이다.

셋째는 사랑의 기도를 해야 한다. 이 말은 다른 사람의 배고픔을 방관하지 아니하고 나의 일처럼 노력하는 것을 말한다. 이런 사랑의 기도에는 늘 역사가 따른다.

넷째는 믿음의 기도를 해야 한다. 밤중이지만 또 귀찮아할지라도 내 친구를 위한 청이니 꼭 들어 줄 거야 하는 믿음의 확신이 있어야 한다.

다섯째는 구체적인 기도를 해야 한다. 떡 세 덩이를 달라는 것이다. 주기도문에도 오늘 우리에게 일용할 양식을 달라고 했다. 이런 구체적인 기도에 하나님은 무심치 않는다.

어느 부활절에 한 전도사님이 교통사고로 몸을 다쳤다. 담임목사님은 200만원의 돈을 도와야겠다고 생각하고 하나님께 구체적인 기도를 드렸다. 그런데 자기에게 있는 돈은 100만원뿐이었다. 부족한 돈을 위해서 하나님께 간절히 기도했다. 그 후 그는 이웃 교회 설교에 초대되어 50만원의 사례금을 받았다. 그런데 설교를 들은 한 평신도 의사가 별도로 50만원을 주었다. 그래서 그 목사님은 200만원의 돈을 모아 전도사님께 전달했다.

기도는 하나님과 나와의 대화의 통로다. 이 통로가 있는 한 우리는 희망을 버리지 말아야 한다. 언제인가 길을 가다 이런 간판을 본 적이 있다. 기도 할 수 있는데 왜 당신은 절망하고 있습니까?

기도의 종류에는 여러 가지가 있다. 공기도는 전교인 앞에서 한 사람이 대표로 하는 기도다. 통성기도는 전 교인이 큰소리로 같이 하는 기도다. 사기도는 자기 혼자 사사로이 하나님께 드리는 기도다. 은밀기도는 자기혼자 골방에서 또는 산속에서 하나님과 단 둘이 대화하는 기도다. 묵상기도는 소리 없이 하는 침묵의 기도다. 누가복음 7장 36절에서 눈물을 흘리며 머리털로 예수그리스도의 발을 닦는 여인의 기도는 눈물의 기도다.

기도의 자세로는 겸손히 해야 하고, 기도의 시간은 항상, 기도의 장소는 어디서나 적절히 하면 되는 것이다. 기도의 응답으로는 성령을 받고(행 2:3) 지시를 받으며(행 10:2) 죄 사함을 받는다(대하 6:23).

기도의 무응답으로는 잘못 구하거나 함부로 구하거나 정욕으로 구하거나 죄를 두고 구하면 안 된다. 그리고 무응답도 기도의 응답이다. 하나님께 드리는 기도, 잘 알고 했으면 한다.

돈

성서에는 재물에 관한 많은 이야기가 있다. 마태복음 19장 22절에는 예수를 따르고자 하는 청년에게 주님은 네 소유를 다 팔아 가난한 사람들에게 주고 나를 따르라고 하자 그 청년은 재물이 많은 고로 근심하며 갔다고 했다.

마가복음 10장 23절에는 예수께서 제자들에게 이르시되 재물이 있는 자는 하나님의 나라에 들어가기가 심히 어렵다 하시고 약대가 바늘귀로 나가는 것이 부자가 하나님의 나라에 들어가는 것보다 쉽다고 했다.

그리고 디모데전서 6장 7절에는 우리가 세상에 아무 것도 가지고 온 것이 없으매 또한 아무 것도 가지고 가지 못하리니 우리가 먹을 것과 입을 것이 있은즉 족한 줄로 알라고 했다.

이 말씀은 모두 부의 위험성을 잘 말해주는 것이다. 전해오는 민담에 보면 두 사람이 길을 가고 있었다. 주고받는 대화 속에서 둘이 사이좋게 갔는데, 가다가 한 친구가 보따리 하나를 주었다. 풀어보니 큰 금덩이가 들어있었다. 그들은 횡재를 한 것이다.

그때 옆에 있는 친구가 말을 했다. "형제여! 우리는 이제 팔자를 고치게 되었네." 하자 보따리를 주운 친구가 말을 했다. "이 사람아 너와 내가 부모가 다르고 서로가 피 한 방울 섞이지 않았는데 무슨 형제야? 이 금덩이는 나 혼자 거야."

그런데 그들이 한참을 가다가 저 앞에서 한 사람이 헐레벌떡 뛰어 오고 있었다. 그 사람이 보따리를 가지고 가는 사람을 보고 말을 했다. "이 보따리는 내 것인데 왜 가지고 가는 거요?" 하면서 그 사람을 도적으로 취급하고 관가에 넘겼다. 이때 포도대장은 말을 했다. "당신들은 왜 남의 물건을 가져갔는가?" 이 말에 보따리를 주운 사람이 자기 친구를 바라보면서 말을 했다.

"이 형제도 보았습니다만 이 보따리는 훔친 것이 아니라 길에서 주운 것입니다."라고 하자, 옆에 있던 친구가 말을 했다. "이 사람아 너와 내가 부모가 다르고 서로가 피 한 방울 섞이지 않았는데 어찌 나를 보고 형제라고 하는가? 나는 모르는 일이오." 이 말에 보따리를 주운 사람은 결국 도적으로 몰려 감옥으로 가고 말았다는 것이다.

자기를 보고 형제라고 부를 때 형제임을 거부하는 사람은 자기가 상대를 형제라고 불러 봐도 형제의 취급을 받을 수가 없다. 결론은 사람은 있을 때 내 이웃에게 잘 베풀어야 위기에서 벗어날 수 있고, 부할 때 이웃을 형제라고 해야 빈할 때 이웃이 내 형제가 된다.

재물은 좋은 것이나 재물에 너무 집착하고 재물이 우상이 되면 재물이 독이 된다. 그래서 바울은 돈이 일만 악의 뿌리라고 했다. 그리고 전도서 6장 9절에서 돈을 사랑하는 사람치고 돈으로 만족하는 사람은 없다고 했다.

모든 강물이 흘러 흘러서 바다로 들어가지만 바다를 채울 수 없음 같이 돈은 아무리 많이 벌고 또 벌어도 인간의 만족을 채울 수가 없는 것이다.

미국의 신학자 피터 라이브Peter Lives는 돈으로 살 수 없는 15가지를 열거했다.

사람(Person)은 살 수 있으나 사람의 마음(Spirit)은 살 수 없다.

집(House)은 살 수 있으나 행복한 가정(Home)은 살 수 없다.

침대(Bed)는 살 수 있으나 달콤한 잠(Sleep)은 살 수 없다.

시계(Clock)는 살 수 있으나 시간(Time)은 살 수 없다.

책(Book)은 살 수 있으나 지혜(Wisdom)는 살 수 없다.

지위(Position)는 살 수 있으나 존경(Respect)은 살 수 없다.

약(Medicine)은 살 수 있으나 건강(Health)은 살 수 없다.

피(Blood)는 살 수 있으나 생명(Life)은 살 수 없다.

섹스(Sex)는 살 수 있으나 사랑(Love)은 살 수 없다.

쾌락(Pleasure)는 살 수 있으나 기쁨(Delight)은 살 수 없다.

음식(Food)은 살 수 있으나 식욕(Appetite)은 살 수 없다.

사치(Luxury)는 살 수 있으나 문화(Culture)는 살 수 없다.

명품(Articles goods)은 살 수 있으나 평안(Peace)은 살 수 없다.

성대한 장례식(Funeral)은 살 수 있으나 행복한 죽음(Glorious death)은 살 수 없다.

종교(Religion)는 살 수 있으나 구원(Salvation)은 살 수 없다.

돈은 좋으나 돈이 만능은 아니다. 이 모두를 귀담아 들었으면 한다.

묘비

열왕기에는 많은 비문들을 소개하고 있다. 여호사밧 왕의 아들 여호람 과 여로보암 왕의 아들 아비야가 다 같이 왕자로 태어나 살다가 다 같 이 젊은 청년으로 세상을 떠났다. 그런데 여호람의 비문에는 "아끼는 자 없이 세상을 떠났다"고 쓰여 있고, 아비야의 비문에는 "온 이스라엘 이 저를 장사하고 저를 위하여 슬퍼하니라"고 쓰여 있다.

이 두 사람은 다 같이 임금의 아들로 태어났고 둘 다 젊은 나이로 세상 을 떠났다. 어쩌면 이렇게 극과 극을 이루는 비문을 남겼을까 하는 생각 이 든다. 여호사밧 왕의 아들 여호람이 아끼는 자 없이 세상을 떠난 이 유는 그가 하나님 앞에서 다른 신을 섬기고 우상을 경배하며 음탕하게 살고 악을 행하며 생을 살았기 때문이라고 했다. 그리고 그 후에 몸에 창질에 나서 비참하게 죽었는데도 그는 백성 중 아끼는 자가 없었다.

여로보암의 아들 아바야는 악한 부모 밑에서 자랐으나 그의 삶이 마치 진흙탕 위의 연꽃 같고 가시나무 속의 백합화 같았다. 그래서 우상을 멀리 하고 하나님을 믿는 왕자로 살아갔기 때문에 그가 죽었을 때는 온 이스라엘 백성들이 그를 위하여 슬퍼했다고 했다.

이 두 인생의 삶과 그들의 두 비문을 보면서 우리는 아비야와 같은 비문을 남길 수 있는 인생 삶을 살아가라고 권하고 싶다. 여호람과 같이 아끼는 자 없이 세상을 떠난 사람이 되지 말고 온 이스라엘이 저를 장사하고 위하여 슬퍼 하니라는 묘비를 남긴 아비야와 같은 삶을 살았으면 한다.

저 영국의 웨스트민스터 사원에는 누군가의 묘비에 다음과 같은 비문이 있다고 한다.

나

내가 젊고 자유로워서
상상력에 한계가 없었을 때
나는 사회를 변화시키겠다는 꿈을 가졌었다.
좀 더 나이가 들고 지혜를 얻었을 때
나는 세상이 변하지 않으리라는 것을 깨달았다.

그래서 내 시야를 약간 좁혀
내가 살고 있는 나라를 변화시켜야겠다고 결심했다.
그러나 그것 역시 불가능한 일이었다.

황혼의 나이가 되었을 때
나는 마지막 시도로
나와 가장 가까운 내 가족을 변화시켜야겠다고 마음먹었다.
그러나 아아, 아무것도 달라지지 않았다.

이제 죽음을 맞이하기 위해
자리에 누운 나는 문득 깨달았다.
만약 내가 내 자신을 변화시켰더라면
그것을 보고 내 가족이 변화되었을 것을.
또한 그것에 용기를 얻어
내 나라를 좀 더 좋은 곳으로 바꿀 수 있었을 것을.

그리고 누가 아는가?
세상까지도 바꿀 수 있을는지.

여러분은 여러분이 세상을 떠났을 때 당신의 비문에는 어떤 비문이 생기리라고 생각하는가? 또 어떤 비문을 남기고 싶은가?

문제는 당신의 삶이 당신의 비문을 결정한다.

불신의 병

예수님의 제자들은 갈릴리 바다에서 풍랑을 만났다. 그런데 그들은 바다 위에서 예수그리스도가 걸어오는 모습을 보았다. 그 모습을 본 제자들이 예수그리스도를 유령으로 생각하자, 예수님은 제자들에게 안심하고 두려워하지 말라고 했다.

여기 안심이란 말은 헬라어의 "라래오"라고 하는 말이다. 이 말의 의미는 용기라고 하는 뜻을 가지고 있다. 안심하라, 용기를 가지라고 해도 제자들은 두려워했다.

절망이나 불신은 인간의 눈을 흐리게 하는 병이다. 그리고 인간이 상식선에서 살아가야 하지만 늘 상식선에서만 살면 그 이상의 세계를 부인하게 된다. 그래서 사람은 그리스도의 초능력을 불신할 때가 많다. 왜냐하면 예수그리스도는 생각지 않은 시간과 바랄 수 없는 장소에서 우리의 상식선을 뛰어넘어 생각지 않는 방법으로 인간에게 나타날 때가 많이 있기 때문이다.

풍랑에 무서워하는 제자들을 보고 예수님은 안심하라, 두려워하지 말라고 했다. 그런데 제자들은 불신을 했는데, 이 불신의 결과로 제자들은 바다에 빠지고 말았다.

밤 사경에 예수께서 바다 위로 걸어서 제자들에게 다가올 때 베드로는 "주여 만일 주님이시거든 나를 명하사 물 위로 오라 하소서." 했다. 이 말에 예수님은 "오라." 했고 제자들은 물위를 걸었다. 그런데 물위를 걸어가면서도 제자들은 의심을 하고 바람을 무서워했다. 어쩔 수 없이 인간은 인간이다.

오늘 우리가 불신에서 신앙으로 입문하면 성서 속에서 다음과 같은 위대한 진리를 찾을 수가 있다.

하나님을 믿으면 풍랑 속에서도 바다를 걷는 이적을 본다.
하나님을 믿으면 홍해의 깊은 바다 속에서도 생명의 길이 있음을 본다.
하나님을 믿으면 광야 사막에서도 가야할 길을 본다.
하나님을 믿으면 메마른 광야에서 만나와 메추라기를 거두는 이적을 본다.
하나님을 믿으면 메마른 사막에서 바위가 갈라져 생수가 터지는 기적도 본다.
하나님을 믿으면 강한 바람과 지진 속에서도 희망의 속삭임을 듣는다.
하나님을 믿으면 죽어서도 다시 사는 부활의 이적을 본다.

문제는 볼 수 있는 눈, 들을 수 있는 귀, 그리고 깨닫는 마음이 있는가가 문제다.

사랑의 힘

고린도전서 13장에는 사랑의 이야기로 가득 차 있다. 사도 바울은 내가 사람의 방언과 천사의 말을 할지라도 사랑이 없으면 소리 나는 구리와 울리는 꽹과리가 되고 내가 예언하는 능이 있어 모든 비밀과 모든 지식을 알고 또 산을 옮길 만한 모든 믿음이 있을지라도 사랑이 없으면 내가 아무 것도 아니요 내가 내게 있는 모든 것으로 구제하고 또 내 몸을 불사르게 내어 줄지라도 사랑이 없으면 내게 아무 유익이 없다고 했다.

사랑의 힘이 얼마나 강할까? 흔히들 무겁고 단단한 것이 있다면 돌이라 한다. 그러나 돌보다 쇠가 더 강하고, 쇠보다 불이 더 강하고, 불을 끄는 것은 물이고, 물은 구름에 흡수되고, 구름은 바람에 좌우된다. 그리고 바람은 벽이 막고, 벽은 쥐가 뚫고, 쥐는 고양이가 잡는다.

그런데 이 고양이는 인간의 지배하에 있다. 만물의 영장이라고 하는 인간도 공포에 떠는데, 이 공포를 없애는 것이 술이고, 술은 잠에 약하다. 잠보다 강한 것이 죽음이요, 죽음보다 강한 것이 부활이요, 부활은 사랑이다.

옛날 유대 나라에 전해오는 이야기가 있다. 솔로몬 왕에게 사랑하는 딸이 하나 있었는데, 딸의 미래 남편이 마음에 들지 아니하자 왕은 딸을 바다의 외딴 섬 별장에다 가두었다.

그러자 공주의 애인은 외로이 광야 사막을 방황하며 이리저리 다니다가 밤에 추위가 엄습해오자 죽어 말라진 사자의 몸속으로 기어들었다.

이때 공중의 왕자 하늘을 나는 독수리가 그 사자를 채서 하늘 높이 날아가다 공주가 살고 있다는 바다 섬 별장 지붕 위에 내려놓았다. 그래서 그들 둘이는 다시 만났다.

이 이야기는 사랑의 힘이 얼마나 큰가를 우리에게 잘 말해주고 있다. 그래서 이 세상에 가장 어리석은 사람은 사랑을 갈라놓겠다는 사람들이다.

바울은 로마서 8장 35절에서 '누가 우리를 그리스도의 사랑에서 끊으리요, 환난이나 곤고나 박해나 기근이나 적신이나 위험이나 칼이랴…… 그러나 이 모든 일에 우리를 사랑하시는 이로 말미암아 우리가 넉넉히 이기느니라.'

그리고 '내가 확신하노니 사망이나 생명이나 천사들이나 권세자들이나 현재 일이나 장래 일이나 능력이나 높음이나 깊음이나 다른 어떤 피조물이라도 우리를 우리 주 그리스도 예수 안에 있는 하나님의 사랑에서 끊을 수 없으리라'고 했다.

찬송가 563장에는 예수의 사랑을 이렇게 노래했다.

예수 사랑하심을 성경에서 배웠네 우리들은 약하나 예수 권세 많도다.
사랑하심 날 사랑하심 날 사랑하심 성경에 쓰였네.

이 찬송을 부르면 부를수록 예수에 대한 사랑이 점점 더 짙어만 간다.
사랑의 힘은 위대한 것이다. 그리고 사랑은 모든 문제 해결의 열쇠가 된다.

삶의 의미를 찾은 욥

욥기는 욥의 생애를 잘 기록한 책이다. 옛날 우스 땅에 욥이라 이름 하는 사람이 있었는데, 그 사람은 순진하고 정직하여 하나님을 경외하며 악에서 떠난 자라고 했다. 그리고 그 소생은 남자가 일곱이요 여자가 셋이며, 그 소유물은 양이 칠천이요 약대가 삼천이요 소가 오백겨리요 암나귀가 오백이며 종도 많이 있었으니, 이 사람은 동방에서 가장 큰 자라고 했다.

이렇게 살아가는 욥에게 큰 시련이 닥쳐왔다. 그는 갑자기 가진 것을 다 잃었다.

첫째, 물질을 다 잃었다. 욥의 소유물을 스바 사람들과 갈대아 사람들이 다 빼앗아가고 하늘에서 하나님의 불이 떨어져서 양떼와 목동들을 다 불살라 버렸다.

둘째, 자녀를 다 잃었다. 일곱 아들과 세 딸이 큰 아들 댁에서 음식을 먹으며 포도주를 마시는데, 갑자기 광야에서 강풍이 불어와서 그 집 네 모퉁이를 내리쳤고, 집이 무너져 모두가 죽었다.

셋째, 건강을 잃었다. 욥은 발바닥에서부터 정수리에까지 악성 종기가 나서 온몸이 만신창이가 되었다. 그래서 욥은 잿더미에 앉아서 옹기 조각을 가지고 자기 몸을 긁고 있었다.

넷째, 부인에게 저주를 받았다. 욥의 아내는 욥에게 "이래도 당신은 여전히 신실함을 지키고 하나님을 믿느냐."며 차라리 하나님을 저주하고 죽으라고 했다.

다섯째, 친구를 다 잃었다. 욥의 세 친구가 찾아와서 인간의 불행이 죄의 결과라고 하지만 의인이 왜 괴로움을 당해야 하는가에 대해서 친구들은 해답을 주지 못하고 있다.

여섯째, 자기의 의를 상실했다. 자기 스스로 하나님을 잘 믿고 산다고 생각했는데 그 자체도 교만이라는 것이다. 그런데 문제는 자기가 하나님을 잘 믿는데 왜 이리도 시험이 많은가가 문제였다. 이때 그는 시공 너머 들려오는 하나님의 말씀을 들었다.

곧, 태초에 흙이었던 인간이 사람으로 태어나서 사람으로 살다가 모든 것을 상실하고 병들어 죽는다 해도 불평할 것이 무엇이냐는 것이다. 이 시공 너머 들려오는 하나님의 말씀에 그는 자기가 하나님을 잘 믿고 산다는 자부심 자체가 교만이요 죄인 줄을 알고 다음과 같이 회개했다.

주님이 어떤 분이시라는 것을 지금까지는 제가 귀로만 들었습니다. 그러나 이제는 제가 제 눈으로 주님을 뵙습니다. 그러므로 저는 제 주장을 거두어들이고, 티끌과 잿더미 위에 앉아서 회개합니다.

이렇게 회개하는 욥에게 하나님은 다시 은혜를 베풀었다. 그리고 욥은 삶의 의미를 되찾았다.

하나님은 욥에게 건강을 되돌려 주었다.
소유도 이전보다 갑절을 주었다.
건강도 되찾게 하였다.
다시 자녀도 주었다.
잃은 친구도 찾았으며,
친척들과 인간관계도 회복이 되었다.

영국의 역사가 토인비 교수는 『역사의 연구』에서 인간이 아무리 노력하고 수고해도 인간의 뜻대로는 안 된다고 했다. 하나님은 자기 마음대로 하신다는 것이다. 그리고 현실 속에 닥치는 모든 일들은 필연이지 우연은 아니라고 했다. 그래서 우리도 인간 삶의 현실 속에서 욥과 같은 삶의 의미를 찾았으면 한다.

손

예수님께서 회당에 들어가실 때 한편 손 마른 사람이 있었다. 예수님은 그 사람의 병든 손을 고쳐 주셨다. 그런데 성서에 기록된 예수님의 손은 어떤 손이었을까 생각해본다.

성서에 나타난 예수님의 손은 무에서 유를 창조하는 위대한 손, 병든 사람의 손을 고치시는 사랑의 손, 남을 위하여 수고하는 봉사의 손, 제자들의 발을 닦는 겸손의 손, 이웃을 위하여 일하는 희생의 손, 진리를 가르치는 교육의 손, 인류를 죄에서 구원하시는 보혈의 손이다.

성서에는 예수님과 같이 좋은 손을 가진 사람들이 많이 있다.
홍수를 대비하여 방주를 만드는 노아의 손은 건설의 손,
자녀를 앞에 두고 신앙의 복을 비는 아브라함의 손은 축복의 손,
이스라엘 민족을 애굽에서 해방시킨 모세의 손은 영도자의 손이다.
그리고 절망의 광야에서 삶의 출구를 찾는 여호수아 장군의 손은 지도자의 손이다.

신약성서에 여리고 도상에서 강도에게 맞아 죽어가는 나그네의 상처를 싸매주는 선한 사마리아 사람의 손은 사랑과 봉사와 희생의 손,

갈릴리 바다에서 그물을 지어 가며 고기를 낚는 예수님 제자들의 손은
근로의 손,
광야에서 보리떡 5개와 물고기 2마리를 주님께 드린 어린아이의 손은
드림의 손이다.

그런데 성서에는 나쁜 사람들의 손들도 많이 기록되어 있다.
하나님의 명령을 거역하고 선악과를 따먹는 아담의 손은 반역의 손,
질투의 불길 때문에 동생 아벨을 쳐 죽인 가인의 손은 살인의 손이다.

뿐만 아니라 은 30냥에 스승 예수를 판 가룟 유다의 손은 배신의 손,
예수를 십자가에 못 박는 로마 군병들의 손은 폭력의 손,
아버지의 재산을 가지고 허랑방탕하게 사용하는 탕자의 손은 낭비의 손,
거지 나사로에게 밥 한 술 주지 않은 부자의 손은 인색한 손,
땅을 판 돈을 하나님께 드리기로 작정했다가 다시 마음이 변하여 얼마
의 땅값을 훔친 아나니아와 삽비라의 손은 도적의 손이다.

예수를 믿고 살아가는 우리의 손은 어떤 손인가 생각해보고, 우리는 그
리스도 안에서 우리의 손을 고쳐야 한다.
게으른 손은 부지런한 손으로,
더러운 손은 깨끗한 손으로,
파괴하는 손은 건설의 손으로,
훔치는 손은 의로운 손으로,
낭비하는 손은 절약의 손으로,
비겁한 손은 용기의 손으로,
폭력의 손은 비폭력의 손으로 고쳐서,

일하는 손, 건설하는 손, 개척하는 손, 생산적인 손, 창조의 손으로 바꾸어야 한다.

저 구약 성서에 나타난 시성 다윗은 이렇게 노래했다.
여호와의 산에 오를 자가 누구며
그의 거룩한 곳에 설 자가 누구인가.
곧 손이 깨끗하고
마음이 청결하며
뜻을 허탄한 데에 두지 아니하며
거짓 맹세하지 아니하는 자라.

이제 우리는 그리스도 안에서 손을 고쳐 대자연의 주인공이 되고, 새 역사를 창조하며, 지상의 왕자가 되고, 하나님의 시민이 되도록 우리 모두는 손을 고쳐야 한다.

야곱의 축복

창세기에는 형 에서의 축복을 가로챈 야곱의 이야기가 있다. 야곱은 에서의 축복을 가로챈 죄로 아버지의 집을 떠나 외가 삼촌 라반의 집에가 살면서 머슴살이를 했다. 그곳에서 일을 하면서 라반의 두 딸과 두 딸의 여종을 아내로 삼아 열두 명의 아들을 둔 족장이 되었다.

야곱이 결혼을 하고 벤야민이 태어나기 전 열한 명의 아들을 두고 보니 이제는 나도 먹고 살아야 한다는 생각에서 야곱은 6년간 일을 더 해주고 삼촌으로부터 많은 양떼 소떼 약대 암나귀를 얻었다. 그는 부자가 되었다.

이제 야곱은 고향으로 돌아가야 하겠는데, 형 에서로부터 한 그릇의 팥죽으로 장자의 명분을 빼앗은 것이 문제였다. 어릴 때 잔꾀를 부려 형에서의 축복을 가로챈 일 때문에 늘 마음이 괴로웠다.

그는 자기 식구와 함께 또 여러 종들을 거느리고 라반으로부터 받은 양떼 소떼 약대 암나귀를 몰고 고향을 향하여 갔다.

그는 가면서 형 에서를 만나면 어떻게 대할까 하는 두려움 때문에 얍복강 가에서 많은 고민을 했다. 그리고 형에게 드릴 많은 선물들도 준비를 했다.

암염소 200, 숫염소 20, 암양 200, 숫양 20, 낙타 30, 암소 40, 황소 10, 암나귀 20, 새끼나귀 10마리를 준비하고 치밀한 계획을 세웠다. 종들로 하여금 이 예물들을 가지고 앞서 보낸 후 야곱은 얍복강변 마하나임에서 밤을 지새우는데 밤중 하나님의 사람 천사를 만났다.

야곱은 기회를 놓칠세라 천사에게 축복을 해 달라고 빌었다. 그러나 천사가 거절하자 사생결단으로 천사를 붙들고 놓지 아니했다. 그래서 천사는 야곱의 등뼈를 쳤다. 그래도 야곱이 천사를 계속 붙들자 천사는 네 이름이 무엇이냐고 물었다. 이름이 야곱이라고 대답하자 이제부터는 야곱이라 하지 말고 네 이름을 이스라엘이라 하라고 했다. 이 이름이 그의 후손의 명칭이 되었다.

이때 야곱은 생각했다. 1부 4처에 열한 명의 아들과 많은 종, 그리고 많은 재물이 나에게 큰 축복으로 생각했는데, 천사의 축복을 받고 보니 이전 자기가 생각했던 물질의 축복은 참 복이 아님을 깨달았다.

야곱이 받은 큰 복은 무엇일까? 천사의 축복을 받은 야곱은 아들 요셉이 후에 애굽의 국무총리가 되어 애굽의 7년 기근에서 만민을 살리는 사람이 되고, 어렵게 살아가는 자기의 부모와 형제들을 애굽 고센땅에 초청하여 번성하게 함이 가장 큰 축복이 아닌가 한다.

그리고 형 에서를 위하여 준비해간 예물도 큰 예물이라고 생각했는데, 형 에서가 자기를 만나러 나올 때 데리고 나온 종만도 400명임을 알고는 자기의 잔꾀로 아버지의 축복을 가로챈 것이 얼마나 초라한 것인가를 깨달았다.

야곱의 생애는 물질적인 세상에 살면서 출세를 하고 영화를 누리기도 했지만 그보다 더 중요한 것은 한걸음 더 나아가 정신적인 세계에서 하나님을 만나 신앙을 가지고 인생을 살아가는 위대한 삶의 모습을 보여주고 있다는 것이다.

오늘 우리는 우리의 거처가 있고 식구와 같이 일용할 양식이 있어서 그것이 하나님의 축복이라고 하는 데는 반대할 마음이 없다. 하지만 우리도 야곱과 같이 정신적인 세계에서 하나님을 만나서 더 풍성한 성숙한 부의 세계로 나아갔으면 한다.

그러한 세계로 들어가기 위해서는 야곱처럼 우리도 우리의 등뼈가 부러지는 한이 있어도 하나님의 축복의 손을 놓지 말아야 한다.

임종의 기쁨

사도 바울은 디모데후서 4장 6~8절에서 임종의 기쁨을 적었다. 목회를 하다보면 여러 가지 다양한 죽음을 목격한다. 마지못해 죽는 사람, 스스로 죽는 사람, 원망하며 죽는 사람, 체념하며 죽는 사람, 눈을 뜨고 죽는 사람, 수의 입고 죽는 사람, 잠자다 죽는 사람, 찬송하며 죽는 사람 등등이다. 그런데 사람이 죽을 때 아무런 고통이 없이 잠자듯이 죽을 수만 있다면 얼마나 좋을까 하는 생각이 든다.

바울은 '관제와 같이 벌써 내가 부음이 되고 나의 떠날 기약이 가까웠도다. 내가 선한 싸움을 싸우고 나의 달려갈 길을 마치고 믿음을 지켰으니 이제 후로는 나를 위하여 의의 면류관이 예비 되었으므로 주 곧 의로우신 재판장이 그 날에 내게 주실 것이니 내게만 아니라 주의 나타나심을 사모하는 모든 자에게니라.'(딤후 4:8)고 하였다.

학자들은 이 디모데후서 4장을 바울의 임종장이라고 부른다. 바울이 말하는 이 임종의 의미 곧, 관제라고 하는 말이 무슨 뜻일까? 그 의미는 구약 레위기에서 화목제를 드릴 때 제물 위에 포도주를 붓고 불사르면 제물이 불탄 후에는 성전에 포도주 향기만 가득하다는 것인데, 바울의 죽음에는 바울의 목에서 나오는 피로 포도주를 대신한다는 뜻이다.

그의 임종은 나의 떠날 기약이 가까웠다는 말에서 '떠난다'는 이 말이 곧, 죽음을 의미하는 말이다. 떠난다는 이 죽음의 의미를 다음 3가지로 요약해본다.

첫째, 임종은 멍에를 내려놓는다는 뜻이다. 소가 하루의 일을 마치고 집에 오면 주인은 멍에를 벗긴다. 이런 의미로 이 말을 썼다. 바울은 그의 임종을 모든 일을 마치고 멍에를 벗는 기쁨으로 생각했다.

둘째, 임종은 끈을 푼다는 뜻이다. 사람들이 야영 생활을 마치고 이제는 집으로 돌아가기 위해서 텐트의 끈을 푸는 의미로 이 말을 썼다. 천막생활이 아무리 즐겁다 하더라도 잠시만 지나면 지겨워진다. 바울은 세상의 천막생활에서 끈을 풀고 영원한 하나님의 집으로 들어가는 기쁨으로 이 말을 썼다.

셋째, 임종은 닻을 내린다는 뜻이다. 항구에 도착한 배가 정박하기 위해서 닻을 내리는 의미로 이 말을 썼다. 배가 항해를 멈추고 닻을 내리는 것이다. 바울은 모든 선교여정을 마치고 이제 인생의 닻을 내리는 것이다.

이 바울의 임종은 마치 페르시아 전쟁에서 승리의 소식을 가지고 돌아온 아테네 전령 페이디피데스가 마라톤 들판을 달려 "여러분, 기뻐하십시오. 아테네가 이겼습니다." 하고 전승의 소식을 전한 후에 죽어가는 모습을 연상하게도 한다.

또 예수님께서 '내가 귀신을 쫓아내며 병을 고치다가 제삼일에는 완전하여지리라 하라. 그러나 오늘과 내일과 모레는 내가 갈 길을 가야 하리니 선지자가 예루살렘 밖에서는 죽는 법이 없느니라.' 하시며 제3일 부활을 보여주는 모습 같기도 하다.

오늘 우리도 우리 생애의 멍에를 내려놓는 그 순간까지, 우리의 생애가 바울처럼 두려움 없는 기쁨의 임종이 되었으면 한다.

탕자의 비유에서 생각한다

누가복음 15장에는 아버지의 집을 나간 탕자의 비유가 있다. 이 비유를 능가하는 용서의 이야기가 이 세상에 또 어디 있겠는가?

아버지의 재산을 가지고 나가서 다 탕진하고 돌아온 탕자가 아버지를 향하여 말을 한다. "아버지여, 제가 하늘과 아버지께 죄를 지었습니다. 제게는 아들의 자격이 없습니다. 품꾼의 하나로 보소서."

이 정의의 뜻에서 우러나오는 아들의 간절한 고백에 아버지는 아무런 말이 없다. 아들이 없는 밤들을 뜬눈으로 새웠던 아버지였기에, 아버지는 아들의 과거를 묻지도 아니하고 잘못을 파헤치거나 따지거나 나무라지도 않는다.

아버지는 아들에게 목욕을 시키고, 좋은 옷을 입히고, 가락지를 끼워주고, 신을 신긴다. 그리고 살찐 송아지를 잡고 잔치를 벌인다. 이신득의 以信得義란 바로 이런 것이 아닐까?

그런데 오늘의 한국 교회와 국가의 기관은 어떻게 사람들을 대하고 있는가? 밤낮 과거사를 바로 잡는답시고 과거를 파헤치고 묻고 따진다.

그리고 오늘의 교회는 성도들로부터 죄의 회개와 고백을 강요한다. 물론 이런 메시지는 교회의 사명이다.

그런데 성직자들은 언제 회개를 하는지 알 수 없다. 누가 봐도 문제의 사람들이 많은데 그러면서도 그들은 회개만을 강조한다. 오늘의 성직자들은 정말 큰 문제다. 아버지는 돌아온 아들을 위해서 송아지를 잡았는데, 오늘의 성직자는 맏아들처럼 동생을 위해서 잡은 송아지 값만 따지면서 설교는 늘 하나님의 사랑을 강조한다.

죄 짓는 성직자들은 많이 보았지만, 회개하는 성직자들을 별로 본 적이 없다. 이들이야말로 가장 악질이고 탕자 중의 탕자이며 적 그리스도인이 아닌가 싶다.

예수님의 말씀을 빌린다면, 예수님은 바리새인들을 향해서 "뱀들아 이 독사의 새끼들아 너희가 어떻게 지옥의 판결을 피하겠느냐"(마 3:7) 하시고, "너희는 천국 문을 사람들 앞에서 닫고 너희도 들어가지 않고 들어가려 하는 자도 들어가지 못하게 하는 자"(마 23:13)라고 했다.

오늘날 많은 성직자들은 단 한 번도 자신을 죄인이라고 고백한 적이 없는데, 신자들에게는 늘 죄의 고백을 강조하면서 자기들은 항상 하나님 앞에서 거룩한 척 한다. 정말 웃기는 돈키호테들이다. 인간은 인간의 인격과 영혼이 진정 하나님 앞에 바로 서게 된다면 하나님 앞에서 먼저 자기 스스로를 죄인이라고 고백해야 한다.

그리고 인간은 누구든지 하나님의 사랑과 그리스도의 희생이 바로 자기 자신을 위한 것이라고 깨닫게 된다면 누가 누구에게 죄를 고백할 것이 아니고 바로 자기 자신이 직접 대제사장이신 예수그리스도를 향하여 나는 죄인이라고 고백해야 하는 것이다. 예수 외에 이 세상에서 누가 우리의 죄를 사해줄 수 있단 말인가? 하나님과 나 사이에 예수 밖에는 아무도 없다.

그리고 오늘날 많은 교회는 헐벗고 굶주린 성도들로부터 연보를 거두어 교회를 지었다. 하지만 예수는 가난한 이스라엘인이었고, 갈릴리 목수였으며, 서민들의 친구였다. 대형교회나 화려한 건물에 하나님이 계시는 것이 아니다. 예수는 구유에 계셨다. 오늘날 대형교회 옆에 가난하고 굶주린 자들을 보고 예수그리스도는 우리에게 어떤 말씀을 하실까?

예수는 가난하게 살면서도 로마의 귀족을 부러워하지도 않고, 로마의 시민권을 원하지도 않았다. 갈릴리의 목수로서 늘 가난한 이웃의 친구였다.

오늘의 교황이나 추기경처럼 머리에 모자를 쓴 적도 없고 목사님들처럼 몸에 화려한 옷을 입지도 안 했다. 그런데 오늘 우리의 현실은 그리스도와 너무나 멀다.

예수그리스도는 늘 "내가 어떻게 죽어서 하나님의 뜻을 이룰까?" 이런 생각을 했지만, 오늘 우리는 늘 내가 어떻게 하면 오래 살고 하나님의 사랑을 누려볼까 이런 생각만을 한다.

그리고 성직자들은 성도들의 호주머니에서 많은 헌금을 끌어내는데 혈안이 되어 있다. 무리하게 교회당을 건축하다 완공하지 못하고 경매에 넘어가는 교회도 많다. 그러면서도 세상의 고통은 빼놓고 영광과 하나님의 축복만을 생각하는 것이다. 고통은 그리스도에게 맡기고 영광과 즐거움만을 가지려 한다.

정말 우리는 언제 그리스도와 더불어 죽는 자가 되어서 그리스도와 같이 영생을 얻는다는 참다운 진리를 알고 그 신앙을 소유할 수 있을 것인가?

나는 어린 시절 아버지를 닮았다는 말을 들은 적이 있다. 그런데 오늘날까지 믿어온 예수를 닮았다는 소리를 들은 적은 단 한 번도 없다. 아마도 생리적인 면은 저절로 닮아도 정신적인 면은 잘 닮지 않은 모양이다. 생각해보면 이보다 더 큰 슬픈 일이 또 어디 있을까? 그런데도 목사가 된 것은 전적 하나님의 은총으로 생각하고 늘 하나님께 감사한다.

우리 모두는 예수그리스도께서 책망했던 전통과 형식, 율법과 독선 그리고 교리를 떠나서 이제는 인간애를 가지고 살아가는 참 종교인으로 거듭났으면 한다.

남루한 옷에 굶주린 배를 부둥켜안고 기진맥진 아버지를 찾아온 탕자에게, 아버지는 좋은 옷을 입히고 아들의 권위를 회복시켜주는 의미에서 손에 가락지를 끼워 주었다. 그리고 자유의 신분을 회복시켜주는 의미에서 신을 신겨주었다. 또한 기쁨과 즐거움의 표시로 송아지를 잡고 잔치를 베풀었다. 그리고 모두와 같이 먹고 마시고 즐거워하자고 했다.

여기에 하나님의 사랑이 있고 용서가 있다. 탕자는 종의 신분에서 아들의 신분으로 바뀌지는 것이다. 정말 멋있는 회개와 용서다. 우리는 이런 용서와 사랑 속에서 아버지 하나님과 영원히 또 영원히 살아가고 싶은 것이다.

우리는 이제 어떤 제도의 사슬에서 벗어나 참된 인간애로 돌아갔으면 한다.

겨자씨 한 알 믿음, 우리의 희망

누가복음 17장 5절에는 예수그리스도의 제자들이 예수님을 향하여 우리에게 믿음을 더하소서라고 했다. 이 요구에 예수님은 너희에게 겨자씨 한 알만한 믿음이 있다면 이 뽕나무더러 뿌리가 뽑혀 바다에 심기어라 하면 그것이 너희에게 순종하였으리라고 했다. 여기 겨자씨 한 알 믿음은 곧, 우리의 희망이다.

희랍 신화에 판도라 상자의 이야기가 있다. 하늘의 제우스신이 모든 죄악과 재앙을 담은 상자하나를 열어봐서는 안 된다는 명령과 함께 판도라Pandora로 하여금 인간 세상으로 내려 보냈다.

아담이 하나님의 명령을 거절하고 선악과를 따 먹은 것과 같이, 판도라는 제우스신의 명령을 거절하고 상자를 열었다. 그런데 그 상자를 여는 순간 인간의 모든 불행과 재앙이 그 속에서 쏟아져 나왔다. 판도라가 당황한 나머지 급히 상자를 닫았으나 아무런 소용이 없었다. 흑암 중에 다시 정신을 차리고 그 안을 보았더니 그 속에는 '희망'이란 두 글자가 있었다고 했다.

옛날 이스라엘 백성들은 B.C. 586년에 바벨론의 포로로 잡혀갔다. 10년이 지나고 20년이 지나도 그들에게는 절망의 연속이었다. 그러나 그 와중에서도 이스라엘 백성들은 희망을 잃지 아니했다. 그런데 그 후 30년이 지나고 40년의 어두운 날이 지나자 그들이 희망했던 귀국의 길이 열었다.

옛날 파사제국이 바벨론을 점령하고 파사의 고레스 임금이 후궁을 구했는데, 에스더라고 이름 하는 유대인 여자가 간택 되었다. 어느 날 에스더가 근심 중에 있을 때 고레스 임금이 물었다. "후궁은 왜 항상 근심이 가득 하오?" 이 질문에 에스더는 말을 했다. "임금님, 저는 이스라엘에서 포로로 잡혀온 여종이온데 우리 민족이 노예로 있음을 슬퍼하고 있습니다."

이 말에 고레스 임금은 바벨론의 포로가 된 이스라엘 백성들로 하여금 그들의 희망대로 예루살렘으로 돌아갈 수 있도록 귀국령을 선포하였다. 그래서 이스라엘 백성들의 귀국에 대한 희망의 씨앗이 제2의 엑서더스를 실현한 것이다. 그래서 인간은 늘 희망에 살아야 한다.

인간이 판도라의 상자를 여는 실수를 범했을지라도 희망을 버리지 아니하면 때는 오는 것이다. 복음 성악가 문재숙 씨는 희망에 넘치는 주님의 뜻을 이렇게 노래했다.

주님의 뜻

질병과 굶주림 전쟁 심해도 너희는 항상 기뻐하여라.
내가 너희와 늘 함께 있고 너희를 언제나 지켜주리니

항상 항상 기뻐하여라 항상 기뻐하라
내가 다시 말하노니 기뻐하여라.

살기가 고달파 쉴 새 없어도 너희는 쉬지 말고 기도하여라.
내가 모든 것 다 들어주고 너희의 소원을 이뤄 주리니
쉬지 말고 기도하여라 항상 기도하라
내가 사랑 하노니 기도하여라.

불평과 불만이 가득하여도 너희는 범사에 감사하여라.
내가 베푼 걸 다 세어보면 너희의 불평은 사라지리니
모든 일에 감사하여라 항상 감사하라
내가 다시 말하노니 감사하여라.

위에 적은 가사를 생각하면서 시인 문병란씨 의 글 「회망가」를 읽어
주었으면 한다.

희망가

얼음장 밑에서도/ 고기는 헤엄을 치고
눈보라 속에서도/매화는 꽃망울을 튼다.

절망 속에서도/ 삶의 끈기는 희망을 찾고
사막의 고통 속에서도/ 인간은 오아시스의 그늘을 찾는다.

눈 덮인 겨울의 밭고랑에서도/보리는 뿌리를 뻗고

마늘은 빙점에서도/그 매운 맛 향기를 지닌다.

절망은 희망의 어머니/고통은 행복의 스승
시련 없이 성취는 오지 않고/ 단련 없이 명검은 날이 서지 않는다.

꿈꾸는 자여, 어둠 속에서/멀리 반짝이는 별빛을 따라
긴 고행길 멈추지 마라
인생항로/ 파도는 높고
폭풍이 몰아쳐 배는 흔들려도/한 고비 지나면
구름 뒤 태양은 다시 뜨고/고요한 뱃길 순항의 내일이 꼭 찾아온다.

겨자씨 한 알 믿음, 우리의 희망이다.

나를 들어 바다에

이 말은 예언자 요나의 말이다. 북왕국 이스라엘의 선지자 요나는 아밋대의 아들이다. 그는 누구보다도 열렬한 이스라엘의 애국자였고 국가 번영을 예언한 자로서, 그 예언이 여로보암 2세 때 그대로 이루어졌다.

하나님은 요나에게 "너는 일어나 저 큰 성읍 니느웨로 가서 하나님의 말씀을 전하라"고 했다. 그러나 요나는 강대국 앗수르의 수도 니느웨가 회개하여 멸망으로부터 벗어나는 것을 원하지 아니했다. 그 이유는 그 악질 같은 놈들은 하나님의 벌을 받아야 한다는 것이다.

이방인이요 혼혈족인 니느웨 사람들에게 하나님의 말씀을 전하기 싫은 요나는 하나님의 말씀을 순종하지 아니하고 욥바로 가다가 다시 다시스로 가는 배를 탔다.

그는 배를 타고 가다가 풍랑을 만났다. 이 풍랑이 하나님의 벌이라고 생각한 사공들은 자기가 믿는 신들의 이름을 부르면서 풍랑이 잔잔하기를 간절히 기원했다. 그러나 아무런 효험이 없자 배를 가볍게 하기 위해서 배에 실은 물건들을 바다에 던졌다. 그래도 효험이 없자 선장의 주도로 누구의 죄 때문인가를 가리기 위해서 제비뽑기를 했다.

이 제비뽑기의 결과로 요나가 뽑혔다. 이때 요나는 솔직히 자기의 죄를 고백한다. "니느웨로 가서 하나님의 말씀을 전하라는 하나님의 말씀을 저버리고 다시스로 가는 내가 죄인입니다. 이 폭풍을 만난 것은 내 탓이요 나를 들어 바다에 던지시오." 이 고백에 많은 사람들이 요나를 바다에 던졌다.

이 결과로 바다는 잔잔해지고 바다에 던져진 요나는 물고기 뱃속으로 들어갔다. 물고기 뱃속에서 회개한 후 3일 만에 육지로 나온 그는 니느웨로 가서 하나님의 말씀을 전하기로 결심하였다.

요나가 니느웨에 가서 하나님의 말씀을 전하자, 악질 같다고 생각했던 니느웨 사람들이 왕으로부터 짐승에 이르기까지 모두가 다 회개했다고 했다. 그러므로 인간 구원은 하나님께 속한 것이지 요나의 마음에 드는 사람만이 구원을 받는 것은 결코 아니다.

이 요나 선지의 사건이 우리에게 주는 교훈은 하나님의 축복과 구원이 유대인에게만 국한된 것이 아니고 우주적이며, 이방인은 배척되는 좁다란 민족주의는 매서운 비판을 받아야 한다는 것이다. 그리고 하나님 앞에서는 누구나 자기의 죄를 회개하면 구원을 받을 수 있다는 구원의 보편성을 교훈한다.

하나님 안에서는 유대인이나 이방인이나 차별이 없고 하나님의 사랑하시는 대상은 신앙인뿐 아니라 원수들까지도 사랑하신다는 것이다. 요나로 대표되는 현대인 크리스천은 국경과 울타리를 넘어 온 세계로 가서 그리스도의 복음을 전해야 한다.

왜냐하면 복음은 민족이나 인종이나 지역에 얽매이는 것이 아니기 때문이다.

구약의 요나서는 구약의 낡은 가죽부대에 담긴 포도주를 신약이라는 새 가죽부대에 담을 때가 되었음을 말하는 책이다.

'내 책임이요. 내 탓이요. 나를 들어 바다에 던지시오.' 하는 이 요나 선지의 자세가 우리 모두의 자세가 되었으면 한다.

만남의 사건들

성서에는 많은 만남의 사건들이 기록되어 있다. 이 만남을 통해서 인생의 팔자를 고치는 사람들이 많다.

열왕기상 17장 8~16절에는 시돈에 사는 사르밧 과부와 선지자 엘리야와의 만남이,
열왕기하 5장 1절 이하에는 문둥이 나아만과 엘리사의 만남이,
요한복음 4장 3~19절에는 사마리아 수가성 여인과 예수그리스도의 만남이,
요한복음 20장 19~31절에는 불신의 제자 도마와 부활하신 주님과의 만남이,
누가복음 24장 13~35절에는 엠마오로 가는 두 제자와 예수와의 만남이 기록되어 있다.

우리나라 유행가 가사 가운데 박신이 쓰고 최대식이 작곡하여 노사연이 부른 「만남」이란 노래가 있는데, 그 가사에 '우리의 만남은 우연이 아니야.'라고 했다. 만남은 영원을 불태운다는 것이다.

사실 만남에는 사건이 있어야 한다. 아무런 사건이 없는 만남은 의미가 없다.

이런 의미 없는 만남은 스침이지 만남이 아니다. 참된 만남은 서로가 옷깃만 스쳐도 사건이 일어난다. 그래서 참 만남은 팔자를 고치고 인생을 바꾼다.

열왕기상 17장에 기록된 이방 여인 사르밧과 엘리야 선지의 만남은 삼년 육 개월 동안 비가 오지 아니해서 모든 사람들이 다 기아선상에서 허덕이고 있던 아합왕 때의 일이다.

과부 사르밧이 민생고에 어려움을 참다못해 자기 집에 있는 약간의 가루와 병에 담긴 약간의 기름을 가지고 밖에 나가 메마른 나무 가지를 모아서 마지막으로 음식을 만들어 아이와 같이 먹고 죽기를 결심했다.

이런 와중에 선지자 엘리야가 찾아와서 음식(떡)을 좀 달라고 한 것이다. 이때 이 여인은 "나에게는 아이와 같이 먹고 죽을 하나의 떡 밖에는 아무것도 없다."고 했다. 이때 엘리야는 두려워하지 말고 그 떡을 만들면 자기에게 먼저 가져오라고 요청을 한다.

이 요청에 여인은 마다하지 아니하고 순종했다. 그랬더니 이 가정에 이상한 사건이 생겼다. 곧, 통에서 가루가 계속 나오고, 병에서 기름이 계속 흐르는 것이다. 마치 벳세다 광야의 오병이어처럼 먹어도 먹어도 끝이 없다.

열왕기하 5장에는 수리아 사람 문둥이 나아만과 엘리사 선지의 만남이 있다. 문둥이 나아만 장군은 이스라엘 선지자 엘리사를 찾아 갔는데, 그는 직접 선지자를 만나지는 못했지만 간접적인 이 만남에서 문둥병을 고치는 행운을 얻었다. 이 얼마나 큰 만남의 사건인가?

요한복음 4장에는 사마리아 수가성 여인과 예수그리스도의 만남이 있다. 수가성 여인은 옛날 우리나라 환향녀 취급을 받았다. 그래서 여름날 목에 갈증이 와도 사람들이 모이는 우물가에 가기를 꺼려했다. 참다 못한 그 여인은 사람이 없는 낮 12시쯤에 물동이를 가지고 야곱의 우물에 물을 길으러 갔다. 그 여인은 여기에서 예수를 만났다.

예수그리스도는 이 여인에게 물을 좀 달라고 했다. 그러나 이 여인은 유대남자 예수가 반가울 리가 없다. 그래서 유대인 당신이 왜 나에게 물을 달라고 하느냐며 귀찮아했다.

이 만남의 대화 마지막에 가면 이 여인이 마음의 문을 열고 예수를 구주로 모신다. 뿐만 아니라 다른 사람에게 가서 내가 메시야를 만났다고 하면서 복음을 전하는 놀라운 사건이 일어났다.

B.C. 722년에 앗수르의 침공으로 사마리아 사람들은 혈통과 종교의 순수성을 상실했었다. 그래서 유대백성들은 이 땅을 버려진 땅이라고 생각했다. 그런데 예수그리스도로 말미암아 버려진 이 땅 사마리아에 생수 넘치는 복음이 최초로 전달되었다.

예수는 이 여인과의 만남을 통해서 여인으로 하여금 굳게 닫힌 마음의 빗장을 확 열게 하고 또 도덕적으로 부정한 여인의 심령을 확 열어서 인습을 초월한 사랑, 생명 넘치는 복음, 하나님을 예배하는 참뜻을 보여주었다.

요한복음 20장에는 불신의 제자 도마와 부활한 예수그리스도와의 만남이 있다. 예수는 죽음에서 부활을 했다. 그리고 죽음의 위협으로부터 심히 떨고 있는 제자들을 찾아가서 평강의 메시지를 전했다.

제자들에게 '평강이 있을지어다. 성령을 받아라.' 하시고 또 사죄의 권능도 주시면서 땅 끝까지 이르러 내 증인이 되라고 했다. 그런데 이 축복의 자리에 도마는 없었다. 후에 그는 다른 제자들로부터 예수의 부활 소식을 들었다. 그러나 도마는 예수의 부활을 불신하는 것이다.

우리는 여기에서 보지 아니하고는 믿을 수 없다는 철저한 실증론자요 회의주의자인 도마의 태도를 본다. 인간이 합리주의적 이성주의의 노예가 되면 체험하지 아니하고는 믿을 수가 없다. 그래서 히브리서 기자는 히브리서 11장 1~3절에서 참 믿음은 보지 못하는 것을 보게 하고 미래의 소망을 현실로 앞당겨 실재하게 한다고 했다.

여기 도마와 예수와의 대화에서 도마의 마음에 변화가 일어났다. 곧, 불신에서 벗어나 예수그리스도는 메시야요 하나님 되심을 고백한다. 그리고 사도의 길을 걸어갔다.

전승에 의하면 그는 인도로 가서 빛과 사랑과 생명과 하나님의 아들 되신 예수그리스도의 복음을 전하다가 결국 순교의 제물이 되었다는 것이다. 아마도 성서에 나타난 생명의 면류관은 이런 자를 위하여 준비된 것이 아닌가 하는 생각이 든다.

누가복음 24장에는 엠마오로 가는 두 제자와 예수그리스도의 만남이 있다. 이 이야기는 오늘을 살아가는 절망의 인생을 상징하기도 한다. 그런데 이들은 예수를 만남으로써 마음의 변화와 생의 방향을 바꾸는 데 성공한 사람이 되었다. 곧, 절망의 엠마오로 가는 길에서 뒤돌아 희망의 예루살렘으로 오는 사람이 되었다. 오늘을 사는 우리도 예수와의 만남에서 생의 방향을 바꾸는 큰 사건이 일어났으면 한다.

만남이란 말이나 마음이 아니고 행동이다. 우리가 TV나 신문에서 인권이 유린당하는 자를 볼 때 또 거리를 지나다가 불쌍하고 가난하고 약하고 천대받고 눌린 자를 볼 때 가슴이 찡할 때가 많다. 하지만 그것만으로는 부족하고 또 자기 책임을 다 했다고 할 수도 없다.

구원이란 믿음에서 온다. 그러나 행함이 없는 믿음은 죽은 것이라고 야고보 선생은 역설했다. 이 말은 믿음에다 행동을 더하라는 말인데 믿음이 약이면 행동은 감초다. 감초는 약을 약되게 하는 것이다.

만남은 강한 자나 높은 자나 성령이 충만한 자가 먼저 약자를 찾아가야 한다. 한두 번 찾아가는 것이 아니고 사건이 일어날 때까지 만나고 또 만나야 한다. 엠마오로 가는 두 제자를 만난 예수그리스도는 그들이 자기를 몰라봐도 포기하지 아니하고 계속 이야기하고 또 설명한다.

해가 지고 밤이 되어도 그들이 깨달을 때까지 계속 대화를 하는 것이다. 인간적인 면에서 보면 '이 자식들 3년간이나 나와 같이 다녔는데 나를 몰라봐? 나쁜 자식들.' 하고 화를 낼만도 하다. 그러나 예수그리스도는 상대로 하여금 마음의 변화, 죄의 용서 그리고 하나님의 은총이 그 마음에서 일어날 때까지 계속 한다.

그래서 만남이란 필연이요 구원을 창출하는 대사건이 되는 것이다. 문제는 이러한 참된 사건이 정말 나에게도 일어나 있는가가 문제이다.

예수께서 나사렛에 갔을 때 이런 말을 했다. 엘리야 시대에 가뭄으로 흉년이 들 때 이스라엘에 많은 과부가 있었으나, 오직 한 사람 사렙다 (사르밧과 동일 인물)만이 엘리야의 은총을 받았고, 엘리사 시대에는 이스라엘에 많은 문둥이가 있었으나 나음을 받은 자는 오직 수리아 사람 나아만뿐이라고 했다.

이 말을 들으면 가슴이 떨리고 몸이 오싹해진다. 물론 이 말은 이스라엘 백성으로 하여금 각성을 촉구하는 말이지만 오늘 한국에도 많은 성도들이 있는데 구원을 받을 만한 믿음의 소유자는 얼마나 될까?

이런 생각하면 정말 두렵다. 우리 모두 예수와의 만남에서 참된 구원의 사건이 일어났으면 한다.

법궤

법궤의 명칭은 여러 가지가 있다. 곧, 계약궤, 언약궤, 증거의 궤, 율법의 궤, 하나님의 궤 등이다. 그런데 구약에서 노아의 방주나 모세의 갈상자나 언약의 궤, 이 세 가지는 원어에 다같이 Teba인데, 영어로는 Ark이다. 이 의미를 잘 알아야 하는데, 이 세 가지가 다 인간을 살리는 구원선의 역할을 했다.

민수기 10장 35절에 보면 모세는 궤가 떠날 때 '여호와여 일어나사 주의 대적들을 흩으시고 주를 미워하는 자로 도망하게 하소서.' 했고,
여호수아 3장 14~17절에는 법궤를 메고 요단을 도하할 때 강물이 멈추기도 하고,
여호수아 6장 6~20절에는 여리고 도성을 돌 때 성이 무너지기도 했다.
한마디로 법궤는 인생길에 있어서 만사형통이요, 만사성이며, 생명의 양약이요, 삶의 나침판이다.

그런데 이 법궤 안에는 무엇이 들어 있어서 이런 힘이 나오는 것일까? 이 법궤 안에는 세 가지 물체가 들어 있다. 곧, 십계명의 두 돌판과 만나를 담든 그릇과 아론의 싹 난 지팡이이다. 그런데 이 세 가지가 무엇을 뜻하는지 우리는 잘 알아야 한다.

곧, 십계명의 두 돌판이 중요한 것이 아니고 돌판 위에 새겨진 십계명이 중요하고, 그릇이 중요한 것이 아니고 그 위에 담긴 생명 떡이 중요하고, 지팡이가 중요한 것이 아니고 지팡이에 핀 새싹 꽃 열매가 중요한 것이다.

십계명은 구약을 대표하는 하나님의 말씀이고, 하나님의 주권 사상이고, 하나님의 통치이다. 그리고 생명 떡은 신약을 대표하는 하늘의 양식이요, 말씀의 떡 곧, 예수그리스도이며, 지팡이의 싹 꽃 열매는 죽어도 다시 사는 부활로써 거룩한 성령의 다이내믹한 힘을 의미하는 것이다.

그러므로 법궤 안에는 성부 하나님과 성자 예수님과 그리고 능력의 성령님이 계시는 것이다. 곧, 삼위일체 하나님이 다 계시는 것이다. 우리 인간은 구약을 대표하는 모세의 십계명(출 20장)과 신약을 대표하는 예수님의 말씀 팔복(마 5장)이 있으면 성령의 인도를 받아 성도 중의 성도가 되고 성자 중의 성자가 되며 천국의 시민이 될 수 있다.

삼위 일체되시는 법궤, 당신 삶의 나침판이다.

불안의 극복

철학자 키에르케고르는 인간을 불안의 존재라고 했다. 사실 불안은 누구에게나 다 있다. 교부 아우구스티누스도 불안의 극복을 위해서 동분서주하다가 마니교까지 접근 했지만 불안이 계속 되자 그는 불안을 껴안고 기독교로 귀의한 사람이다.

구약성서에서 신앙의 조상이라고 부르는 아브라함도 하나님의 지시를 받고 갈대아 우르를 떠나 가나안으로 갔다. 미지의 세계로 발을 옮기는 아브라함의 불안이 얼마나 컸을까? 그래서 그는 가는 곳마다 단을 쌓고 하나님께 번제를 드렸다. 그리고 하나님의 명령이라면 서슴지 않고 자기 아들도 번제로 바치는 사람이었다.

오늘 우리에게도 불안이 있기에 하나님의 계심이 요청이 되고 또 그 하나님의 지시에 따라서 어제도 오늘도 살아가는 것이다. 그리고 아브라함이 하나님을 향하여 번제를 드리듯 우리도 불안 극복을 위해서 늘 하나님께 예배(제사)를 드리면서 살아간다. 그런데 예배의 진정한 의미를 깨닫지 못하면 아무리 예배를 드려도 불안은 극복되지 않는다.

예배의 진정한 의미는 무엇일까? 예배의 진정한 의미를 바울은 이렇게 설명한다. 예배는 전제 곧, 제물(번제, 소제, 속죄제, 속건제, 화목제)이 되는 것이다. 빌립보서 2장 17절에서 바울은 자신이 하나님께 제물로 드려졌다고 했다. 이 제물祭物의 특징은,

첫째, 죽는 것이다. 자기가 죽지 아니하면 제물이 될 수 없다. 어느 누가 제사를 드리며 제사상에 산 닭이나 산 돼지 또는 살아있는 소를 제단에 드리겠는가? 그래서 예배의 첫째 정신은 자기를 죽이는 데 있다.

둘째, 각을 뜨는 것이다. 죽은 제물은 각을 떴다. 우리도 각을 뜨는 정신으로 살아야 한다.

셋째, 불태워져야 한다. 구약에서 번제가 끝이 나면 모두 불살라졌다. 우리의 몸도 불살라져야 한다. 이와 같은 정신으로 예배가 드려질 때 불안이 극복된다. 이것을 신약에서 바울은 산제사라고 했다.

그래서 우리가 죽으면 죽으리라는 확신이 세워지지 않으면 불안은 극복되지 않는다. 오늘날 이와 같은 정신을 가지고 예배하는 크리스천은 얼마나 될까? 날이면 날마다 부와 장수만을 꿈꾸면서 한 푼의 돈도, 한 치의 땅도 놓지 아니하려는 자세로는 절대로 불안은 극복되지 않는다.

찬송가 417장은 불안 극복의 찬송으로 되어 있다.
주 예수 넓은 품에 나 편히 안기니 이 세상 악한 세력 날 해치 못하네.
슬픔과 근심 걱정 이후에 없어지리니 시험이 닥쳐와도 나 염려 없겠네.
주 예수 넓은 품에 나 편히 안겨서 그 크신 사랑 안에 나 편히 쉬겠네.

불안 극복을 위해서 우리 모두 참 예배의 정신을 알았으면 한다.

같은 길 다른 생애

신약 성서에는 베드로와 바울의 생애가 많은 비중을 차지하고 있다. 베드로는 갈릴리 북쪽 벳새다의 어부였다. 아버지는 요나(시몬이라고도 한다)였고, 동생은 안드레(이도 12제자 중 하나)이다.

베드로는 예수그리스도의 부름을 받아 사도의 반열에 들었고 '반석'이라는 이름을 얻었다. 아람어로는 게바라고 한다. 단호한 결심과 순간적인 공포에 곧잘 동요하는 열정적이고 활동적이면서도 자주 실수를 하는 제자이다.

세 번씩이나 예수그리스도를 부인했음에도 베드로와 요한 그리고 예수의 동생 야고보는 늘 예루살렘 교회의 기둥이라고 했다. 그리고 베드로는 할례자(유대인)의 사도였고(갈 2:8~9), 결혼을 한 사람이며, 여행을 할 때는 꼭 아내를 대동했다.

베드로에 대한 기록은 예루살렘회의 이후에는 별로 없고 오랜 후에 잠시 안디옥 교회에서 바울을 만난 기록이 있으며, 여기에서 잠시 바울에게 면박을 당했다는 기록이 있다.(행 15장) 전승에 의하면 A.D. 64년 로마에서 네로황제의 박해로 바티칸 언덕에서 순교를 했다고 한다.

그리고 그는 주님과 똑같이 십자가에 달리는 것이 너무나 송구스럽다며 거꾸로 십자가에 달려서 죽었다. 그 후 이곳에 베드로 성전이 지어졌다. 경솔한 성격에 실패도 많으나 아름다운 마음의 소유자이다.

신약성서에는 베드로 전서와 후서가 있고, 외경으로는 베드로 행전과 베드로 교훈집이 있다. 베드로는 성서를 기록할 때 수신자가 정해진 것이 아니고 읽는 모든 자에게 주었기 때문에 그의 글을 우리는 일반 서신이라고 한다.

바울은 길리기아 다소에서 났고, 이곳에서 자라서 가말리엘 문하에서 조상들의 엄한 율법을 받은 학자이다.(행 22:3) 청결한 양심으로 조상 적부터 섬겨온 하나님을 섬기며(딤후 1:3) 8일 만에 할례를 받았다.

그는 이스라엘의 족속이요 벤야민의 지파이며 히브리인 중의 히브리인이라고 했다. 그리고 율법으로는 바리새파 사람이요 흠이 없는 사람이라고 했다.(빌 3:5~6)

나면서부터 로마 시민권을 가졌다는(행 22:26~28) 그는 사도행전 13정 9절에서 처음으로 나타난다. 처음 교회를 핍박했던 바울의 본명은 사울이다. 로마 사람에게는 바울로, 유대인에게는 사울이며, 국적과 교육에 있어서는 유대인이고, 가문과 신조에 있어서는 이스라엘이며, 언어와 전설에 있어서는 히브리인이었다.

바울은 논리적인 힘과 종교적인 능력을 결합하여 이성과 영력이 일치됨이 특징이고, 불타는 정열, 우아한 정서, 태산 같은 의지의 사나이이면서 여성 같은 부드러움이 있다.

자유 활달한 기상과 천진스런 심정, 윤리적인 혜안과 임기응변적 재능 등 인간으로서 가장 존귀한 성품을 소유한 인물이다. 영도력과 조직력이 능하고 기독교 사상에 대하여 독창적인 재질을 구비한 사람이다. 4차에 걸친 세계선교를 통해서 기독교를 세계화 한 사람이다.

전설에 의하면 로마 트레폰타이라에서 도끼에 목이 잘려 죽었고, 후에 이곳에 콘스탄틴 대제가 바울 성전을 지었다고 한다.

신약성서 가운데 로마서, 고린도전후서, 갈라디아서, 에베소서, 빌립보서, 골로새서, 데살로니가전후서, 디모데전후서, 디도서, 빌레몬서가 있으며, 외경으로는 바울의 계시록이 있다. 바울은 성서를 기록할 때 누가 누구에게 보낸다는 발신자와 수신자를 꼭 기록했다.

베드로와 바울의 같은 점은 두 사람이 다 같이 유대인이고 예수의 사도이며 예수의 선교에 동참했다. 그리고 다 같이 로마에서 예수를 위한 순교자가 되었다. 콘스탄틴 대제는 두 사람을 위해서 로마에 기념 성전을 남겼다.

서로 다른 점은 베드로는 시골 서민 출신이고, 갈릴리 어부며, 예수 생시에 부름을 받았고, 유대인의 사도이다. 그리고 결혼을 한 사람이고, 목회자이다.

그러나 바울은 도시 귀족 출신으로써 길리기아 다소의 학자출신이다. 예수의 부활 후에 부름을 받았다. 그리고 바울은 이방인의 사도로서, 독신자이고, 목회자겸 신학자였다.

오늘 우리가 이들의 생애를 잘 알고 성서를 읽으면 문제해결에 많은 도움이 된다. 이들의 같은 길 다른 생애가 우리에게 주는 교훈이 많다.

사막의 생수, 예수의 피

옛날 이스라엘 백성들이 가나안을 향하여 가는데 가장 큰 문제는 물이었다. 고린도전서 10장 4절에서 이스라엘 백성들은 광야에서 똑같은 영적 양식을 먹었고 똑같은 영적 음료를 마셨는데, 그들이 마신 그 물이 나온 바위가 곧 예수그리스도요, 이 물은 곧 예수그리스도의 피를 상징하는 것이다.

성서에 나타난 물의 의미를 살펴본다.

제일은 머리바의 물이다.

출애굽기 17장 1~7절에 나타난 이 머리바(맛사)의 물은 호렙산 반석에서 나온 물이다. 출애굽 한 이스라엘 백성들이 광야에서 물을 찾았으나 물이 없자 그들은 모세를 원망했다. 이때 하나님은 모세에게 애굽에서 심판의 기적을 보여주고 또 홍해를 가르던 지팡이를 가지고 호렙산 반석을 치라고 명했다. 이 하나님의 명령에 의지하여 모세가 반석을 칠 때 물이 솟아났다.

고린도전서 10장 4절에서 이 호렙산 반석을 예수라고 했다. 그러므로 여기 반석에서 솟아나온 샘물은 하나님의 아들 예수그리스도가 갈보리 산상 십자가에서 흘리신 보혈을 상징하기도 한다.

제이는 가데스의 물이다.

민수기 20장에는 가데스의 물이 기록되어 있다. 광야에서 물이 없어 불평하던 이스라엘 백성들을 위해서 하나님은 모세에게 바위를 보고 물이 나오도록 말만 하라고 했다. 그런데 모세는 화가 나서 지팡이로 두 번이나 반석을 쳤다. 이 실수로 모세는 가나안에 들어가지 못하고 느보산에서 멀리 가나안 땅을 바라보면서 죽어야 했다.

그런데 여기 가데스의 물은 지팡이로 쳐서 나오는 물이 아니고 바위에서 나오라고 말만 하면 나오는 물이다. 이것은 그리스도의 몸인 교회에서 흘러나오는 하나님의 은혜의 샘물을 말한다. 오늘 우리는 반석(예수)을 치는 것이 아니고 교회(예수)에 가서 믿음의 확신을 가지고 하나님께 간절히 기도를 드리면 하나님께서 은혜를 베푸신다는 것이다.

제삼은 브엘의 물이다.

민수기 21장 16~18절에 나타난 이 브엘의 물은 이스라엘 백성들이 '샘물아 솟아라' 하면서 노래를 부르면 나오는 샘물이다. 이스라엘 사람들은 약속의 지팡이를 잡고 믿음의 노래를 부르면 갈망의 샘물이 나오는 것을 브엘의 물이라고 한다.

오늘 우리도 동서남북 사방이 다 막혀서 살아날 여망이 없을 때에도 실망하지 말고 믿음을 가지고 찬송하면서 갈망의 은혜를 사모하며 간절히 기도하고 구하면 하나님께서 브엘의 물처럼 영생의 샘물을 주신다.

신기루만 보이는 사막에서 물이 없어 고생하는 이스라엘 백성들에게 뜨거운 사막의 모래 밑에 생수를 준비해주신 하나님께서는 오늘 우리를 위해서도 그 어디엔가 생명수를 준비해두고 계심을 우리는 믿어야 한다. 이것이 브엘의 물이다.

제사는 성전 안에 있는 물이다.
히브리서 10장 19~22절에 나타난 이 물은 우리의 마음에 예수의 피를 뿌려서 죄책감에서 벗어나고, 맑은 물로 몸을 깨끗이 씻게 하는 물이다. 이 물은 우주에 찬 물로써, 하나님의 집 지성소에서 나오는 하나님의 샘물이다. 곧, 성전 안의 물로써 예수그리스도의 은혜의 샘물을 말한다. 이 샘물이 우주에 가득 차 있음을 말해주는 것이다.

이 물은 누구든지 인간이 자기문제를 가지고 고민하고, 괴로워하고, 슬퍼할 때 십자가에 달린 예수를 믿고 구하면 문제해결이 된다는 교훈을 준다.

머리바의 물, 가데스의 물, 브엘의 물, 성전 안의 물. 이 모두의 물은 하나님의 독자이시며 우리의 구세주 되시는 예수그리스도의 보혈의 물이다.

그리고 이스라엘 백성들이 가나안에 들어가는 여정길이 우리 모두가 걸어가는 인생길임을 잊어서는 안 된다.

사생결단이 문제를 해결한다

마태복음 9장 29절에는 혈루증을 가진 여인의 이야기가 있다.

열두 해 동안 혈루증으로 앓는 여자가 뒤에서 예수께로 다가와서 예수의 옷술에 손을 대었다. 그 여자는 속으로 '내가 그의 옷에 손을 대기만 하여도 나을 터인데!' 하고 생각했던 것이다. 예수께서 돌아서서 그 여자를 보시고 "기운을 내어라, 딸아, 네 믿음이 너를 구원하였다." 하고 말씀하셨다. 바로 그 때에 그 여자가 나았다.

이 여인의 비극을 살펴보면,
그는 이방인이었다. 가이사랴 빌립보 사람들은 선민 이스라엘이 싫어하는 사람들이다.
그는 여인이었다. 성서의 인구 조사를 보면 여인은 늘 배제되어 있었다. 당시에는 여자의 생명 하나쯤 하고 가볍게 여겼던 것 같다.
그는 건강을 잃은 여인이었다. 돈을 잃으면 조금 잃고, 명예를 잃으면 많이 잃고, 건강을 잃으면 전부를 잃는다고 했는데, 그 여인은 모두를 잃은 사람이다.
그는 무관심 속에 버려진 여자다. 예수님의 제자들조차 이 여자에 대하여 아무런 관심이 없었다.

그는 미를 포기해야 하는 여자다. 혈루증이 든 여인은 그 병으로 인해 화장을 할 필요성을 느끼지 않는다.

그는 인류를 포기해야 하는 여자다. 냄새 때문에 모든 사람이 접근을 꺼린다.

그는 종교적으로 버림받은 사람이다. 레위기에 보면 이런 사람은 회당의 출입을 금했다.

그는 부끄러운 병에 걸렸다. 혈루증이란 남에게 이야기하기도 어렵고 보여주기도 매우 힘든 병이다.

그는 내적인 병을 가졌다. 피부가 아니고 치부에 걸린 병이다.

이 여인은 이런 문제를 가지고 고민하고 괴로워했다. 그래서 지나가는 예수님의 옷자락이라도 만지면 낫겠다고 하는 그의 사생결단에 예수님은 고침을 주셨다. 인간은 포기 하지 말고 희망을 가져야 한다.

오늘 우리는 사생결단 하는 자세로 예수를 믿고 교회를 나갔으면 한다. 성 아우구스투스는 모든 인간에게는 고통이 다 있다고 했다. 그런데 그 고통을 참고 벗어나기를 원하는 자는 그 고통이 축복으로 다가오고, 불평하는 사람에게는 그 고통이 화가 된다는 것이다.

당신의 사생결단이 당신의 문제를 해결한다.

십계명과 산상수훈

유대교학자 스페인의 마이모니데스Maimonides는 구약의 율법의 수가 613개라고 했다. 그 가운데서 하지 말라는 율법이 365개로써 이는 일 년을 상징하고, 하라는 계명이 214개로써 이는 인간의 신체 부위명이 라고 했다.

그래서 계명은 인간이 이 세상을 살아가는데 청신호, 적신호가 된다는 것이다. 그 중 대표적인 계명이 십계명이다.

십계명을 요약하면 다음과 같다.
나 외에 다른 신을 위하지 말라. 이는 인생본분人生本分을 말한다.
우상을 숭배하지 말라. 이는 생활자세生活姿勢를 말한다.
여호와의 이름을 망령되이 하지 말라. 이는 경건언행敬虔言行을 말한다.
안식일을 거룩히 지키라. 이는 시간선용時間善用을 말한다.
네 부모를 공경하라. 이는 부모공경父母恭敬을 말한다.
살인하지 말라. 이는 인권존중人權尊重을 말한다.
간음하지 말라. 이는 정조엄수貞操嚴守를 말한다.
도적질하지 말라. 이는 공덕공익公德公益을 말한다.
거짓말하지 말라. 이는 신의처세信義處世를 말한다.
탐내지 말라. 이는 자기절제自己節制를 말한다.

히브리서 1장 1~2절에는 옛적에 선지자들로 하여금 여러 부분과 여러 모양으로 조상들에게 말씀하신 하나님이 마지막에 아들로서 우리에게 말씀하셨다고 했다.

여기 옛적의 말씀이 계명들이요, 아들로서 말씀하신 것이 복음이다. 예수그리스도가 공포한 말씀 가운데서 가장 중요한 것은 산상수훈인데, 그 내용을 보면 다음과 같다.

심령이 가난한 자의 복은, 천국이 저희 것임
애통하는 자의 복은, 저희가 위로를 받음
온유한 자의 복은, 저희가 땅을 기업으로 받음
의에 주리고 목마른 자의 복은, 저희가 배부를 것임
긍휼이 여기는 자의 복은, 저희가 긍휼이 여김을 받음
마음이 청결한 자의 복은, 저희가 하나님을 봄
화평케 하는 자의 복은, 저희가 하나님의 아들이라 칭함을 받음
의를 위하여 핍박을 받는 자의 복은, 천국이 저희 것임

이 산상보훈의 중요성은 예수님이 직접 우리에게 주신 하나님의 말씀이다. 모세의 십계명은 구 도덕률이고 여기 예수님의 산상수훈은 신 도덕률이다. 구약의 모세는 예언자이고, 신약의 예수는 그 예언의 성취이다. 구약이 그림자라면 신약은 실체이며, 구약이 현상계라면 신약은 본질계이다. 그리고 예수는 율법을 폐하러 온 것이 아니고 온전하게 하러 왔다(마 5:17)고 했다.

그래서 신약은 구약을 격상upgrade 시킨 것이다. 마태복음 5~7장에는

모세의 율법을 격상시킨 예수님의 말씀들이 많이 있다. 격상된 율법들을 살펴보면,

살인하지 말라는 미워하지 말라.
간음하지 말라는 음욕을 품지 말라.
이혼 허락은 이혼 불허.
지키라는 맹세는 맹세하지 말라.
눈은 눈 이는 이로의 보복을 예수는 금함.
원수를 미워하라는 원수를 사랑하라.
레위기에서 금한 고기는 신약에서 감사함으로 받으라.
유월절 장막절 오순절 지킴은 그리스도 안에서 폐지됨.
번제 소제 화목제 속죄제 속건제는 그리스도의 죽음으로 완성.
일부다처 제도는 일부일처제로,
합법화된 노예제도는 노예에게 자유를 줌.
오른뺨을 치거든 왼편도 돌려대고,
속옷을 가지고자 하면 겉옷도 벗어주고,
오리를 가자면 십리를 가라고 함.
안식일은 주일로 바뀜.

모세의 십계명은 넓은 길 넓은 문이고, 예수의 산상보훈은 좁은 길 좁은 문이다.
유대인들은 모세의 제자라고 하는데, 우리는 예수의 제자이다.
모래 위의 지은 집터는 십계명이고, 반석위의 지은 집터는 산상수훈을 말한다.

예수는 너희 의가 서기관들과 바리새인들보다 더 낫지 아니하면 결단코 천국에 들어가지 못한다고 했다.

예수그리스도는 자기를 따르면서도 계명(십계명)을 지키는 서기관들과 바리새인들을 보고 불법이 가득한 자라고 했다. 그리고 이들은 율법을 고수하는 유대주의자들이고 산상보훈대로 살지 아니하는 자들이라는 것이다.

마태복음 19장에는 부자 청년의 이야기가 있다. 한 사람이 다가와서 예수께 말하였다. "선생님, 내가 영생을 얻으려면 무슨 선한 일을 해야 합니까?" 예수께서 그에게 말씀하셨다. "네가 생명에 들어가고자 하거든 계명들을 지켜라." 그는 예수께 "어느 계명들입니까?" 하고 물었다.

예수께서 말씀하셨다. "살인하지 말라, 간음하지 말라, 도둑질하지 말라, 거짓으로 증언하지 말라, 부모를 공경하라. 그리고 네 이웃을 네 몸과 같이 사랑하라." 이 말씀에 그 젊은이는 예수님께 이렇게 말을 했다. "나는 어릴 적부터 이 모든 것을 다 지켰습니다. 아직도 무엇이 부족합니까?"

이 말을 들으면 오늘의 목회자들이 교회 성도들을 왜 십계명을 다 지킬 수 없는 허약한 인간으로 만드는지 알 수가 없다. 왜냐하면 이 청년같이 오늘 우리도 계명을 다 지킬 수 있어야 한다.

예수께서 그에게 말씀하셨다. "네가 완전한 사람이 되고자 하거든 가서 네 소유를 팔아서 가난한 사람에게 주어라. 그리하면 네가 하늘에서 보화를 차지하게 될 것이다. 그리고 와서 나를 따르라." 이 말씀을 들은 젊은이는 근심하면서 떠났다고 했다. 왜냐하면 그에게는 재산이 많았기 때문이다.

이 청년을 보면 그는 계명을 다 지켜도 구원을 받지 못했다. 고로 우리가 계명을 다 지킨다고 해서 천국에 들어가는 것은 결코 아니다.

그러면 기독교 율법의 대강령은 무엇인가?
마태복음 22장 37~40절에서 한 율법사가 예수님께 물었다. "선생님, 율법 가운데 어느 계명이 중요합니까?" 예수께서 그에게 말했다. "네 마음을 다하고 네 목숨을 다하고 네 뜻을 다하여 주 너의 하나님을 사랑하여라. 이것이 가장 중요하고 으뜸가는 계명이다."

"둘째 계명도 이것과 같다. '네 이웃을 네 몸 같이 사랑하여라.' 한 것이다. 이 두 계명에 모든 율법과 예언자들의 본 뜻이 달려 있다." 했다. 그러므로 사랑의 계명이 제일 큰 강령이다.

신약성서에서 사랑의 대실천은 탕자의 비유에 잘 나타나 있다. 여기에 나타난 아버지의 자세가 사랑의 대실천을 잘 말해준다.
첫째는 아들의 말을 잘 들어 준다.
둘째는 아들의 죄는 묻지 않는다. 거저 덮어 주는 것이다.
셋째는 아들의 가치를 인정해 준다.
넷째는 아들에게 사랑의 표시를 한다. 곧, 목욕을 시키고, 옷을 입히고, 신을 신기고, 가락지를 끼운다. 그리고 송아지를 잡고 잔치를 베푼다.

우리가 하나님 아버지로부터 이런 사랑의 은혜를 받음같이 우리도 이런 사랑의 은혜를 베풀어야 한다.

그러므로 사랑의 대실천을 하며 살아가는 삶은 이웃의 말을 잘 들어주고, 죄는 덮어주고, 인간의 가치를 인정해 주면서 행동으로 사랑의 표시를 하며 사는 것이다.

마태복음 28장 19~20절에서 예수가 승천하실 때 내가 분부한 모든 것 (산상보훈)을 다 가르쳐 지키게 하라고 했다. 우리는 십계명을 격상시킨 산상보훈에 더 많은 비중을 두고 신앙생활을 하며 살아갔으면 한다.

이날이 그날

옛날 아랍나라에 나아만이라고 하는 군대장관이 있었다. 불행히도 그는 문둥병에 걸렸다. 사람이 자기 외모에 있어서 군대장관처럼 멋있는 사람이 또 어디 있겠는가? 그런데 그에게는 문둥병이 문제였다.

예수는 '인간이 온 천하를 얻고도 네 생명을 잃으면 무엇이 유익하리요.'라고 했는데, 나아만 장군은 세상의 명예는 얻었으나 병으로 썩어가는 몸을 잃어야 했다.

그런데 나아만 장군의 주변을 보면 그의 주변에는 참 좋은 사람들이 많았다. 세상 사람들이 볼 때에는 별 것 아닌 이스라엘에서 잡혀온 여종이 하나 있었다. 그 여종이 주인을 보고 주인님이 이스라엘에 계셨으면 참 좋을 뻔 했다고 했다.

그 이유는 이스라엘에는 엘리사라고 하는 선지자가 있는데 그 선지자는 병을 고치는 기적을 행한다는 것이다. 자기를 잡아온 적군의 나라 대장인데 문둥병으로 죽도록 놓아 둘 수도 있으련만 적군 대장에게까지 그 여종은 관심을 가졌다.

이 말에 나아만 장군은 엘리사 선생을 만나기 위해서 아랍왕의 허락을 받고 또 많은 선물을 준비해서 부하들과 함께 이스라엘로 갔다. 그런데 그가 가서 엘리사 집을 방문했을 때 엘리사 선지는 면회를 사절했다. 다만 병을 고치고 싶다면 요단강에 가서 일곱 번 목욕을 하고 가라는 것이다.

이 해괴망측한 문둥병 치료 방법에 나아만 장군은 크게 실망을 했다. 강에서 목욕을 한다면 자기 나라에는 요단강보다도 더 좋은 강이 얼마든지 있기 때문이다. 그래서 나아만 장군은 매우 화가 났다.

그가 실망을 하고 돌아오려고 할 때 부하들의 말이 참 좋았다. "주인이여! 이보다 더 어려운 치료방법을 이야기 했다면 어떻게 하시겠습니까? 쉬운 일곱 번 목욕인데 하고 가시지요?" 이 말에 나아만 장군은 요단강에 가서 일곱 번 목욕을 했는데 문둥병이 고쳐졌다.

나아만 장군은 자기 집의 여종도 잘 두었지만 자기 밑의 부하들도 잘 두었다. 한국 속담에 담 밑에 불로초가 있다는 말이 있는데, 살펴보면 우리 주변에도 참 좋은 사람들이 있어서 우리가 오늘을 사는 것이 아닌가 싶다.

열왕기하 5장에 기록된 이 이야기는 하나님의 은총은 유대인뿐 아니라 이방사람에게까지 이른다는 교훈을 준다. 그리고 더 나아가 예수그리스도의 복음의 은총도 민족적인 한계를 초월하여 범우주적임을 강조하는 글이다.

나아만 장군에게 있어서 이것은 인생이 다시 태어나는 부활의 축복이 아닌가 싶다. 우리에게도 다시 태어나는 기쁨의 날이 있었으면 한다.

갈릴리 가나 혼인 잔치에서 물이 변하여 포도주가 된 사실을 보면서 우리도 변하여 새사람 되기를 바라며,
문둥이 나아만 장군이 요단강에서 일곱 번 목욕에 깨끗해진 것을 보면서 그리스도의 보혈에 우리의 죄가 정결케 되기를 바라며,
예수님의 옷자락을 만진 혈우병 든 여인이 고침을 받는 것처럼 우리도 우리 병에서 놓이기를 바라며,
벳세다 광야에서 물고기 두 마리와 보리떡 다섯 개로 오천 명을 먹이시고 열두 광주리의 남은 축복이 우리가 가난에서 해방되기를 바라며,
우리 주님께서 죽어도 다시 살아나시는 부활의 축복이 죽어서 다시 사는 우리 모두의 날이 되었으면 한다.

잠언 30장에 나타난 기이한 일 20가지

잠언은 지혜와 훈계를 알게 하며, 명철의 말씀을 깨닫게 하며, 정의와 공평과 정직을 지혜롭게 실행하도록 훈계를 받게 하며, 어수룩한 사람을 슬기롭게 하여 주며, 젊은이들에게 지식과 분별력을 갖게 하여 주는 것이라 했다.

지혜 있는 사람은 이 가르침을 듣고 학식을 더할 것이요, 명철한 사람은 지혜를 더 얻게 된다고 했다. 여호와를 경외하는 것이 지식의 근본이어늘, 미련한 사람은 지혜와 훈계를 멸시한다는 것이다.

잠언 30장에는 참으로 기이한 일 20가지가 기록되어 있다.

첫째는 족하다 할 줄 모르는 일 네 가지
음부(지옥)
아이를 배지 못하는 태
물로 채울 수 없는 땅
족하다 하지 않는 불이다.

둘째는 잘 알 수 없는 일 네 가지

하늘 위를 날아간 독수리의 자취
바위 위를 지나간 뱀의 자취
바다를 지나간 배의 자취
여인의 배를 지나간 남자의 자취다.

셋째는 땅이 꺼질 듯한 일 네 가지
종이 임금이 되는 일
바보가 부자가 되는 일
꺼림칙한 여자가 시집가는 일
여종이 안주인 자리를 빼앗는 일이다.

넷째는 작으면서도 더없이 지혜로운 일 네 가지
여름동안 먹을 것을 준비하는 개미
돌 틈에 집을 짓는 바위 너구리
임금도 없는데 떼 지어 다니는 메뚜기
손에 잡힐 터인데도 대궐을 드나드는 도마뱀이다.

다섯째는 위풍 당당히 걷는 네 가지
동물의 왕 사자
꼬리를 세우고 걷는 수탉
양 떼를 거느리고 가는 숫염소
군대를 지휘하는 임금이다.
공동번역에는 사자, 사냥개, 숫염소, 왕으로 되어 있다.

잠언서는 날마다 읽어도 새롭다. 그래서인지 성도들 가운데 많은 사람들이 아침에 일어나서 시편을 다섯 편씩 읽으면서 하루를 시작하고, 저녁이 되면 잠언서를 한 장씩 읽고 잠을 잔다고 한다.

이스라엘 백성들이 독립을 잃고 비운에 빠졌을 때 국민에게 종교적인 윤리를 가르치기 위해서 편찬된 이 지혜문서에 우리 모두 푹 빠져 살아 갔으면 한다.

룻기 소고(小考)

구약성서에는 「룻기」라는 책이 있다. 전부가 4장으로 이루어진 이 작은 책은 암흑기 사사시대에 있었던 아름다운 이야기로써, 주로 여성들을 중심해서 이루어지는 꽃 같은 이야기이다.

우리 인간이 살아가면서 일이 잘 안 풀린다거나 불의의 사고를 만날 때 그 비극의 현실 앞에서 통곡하고 가슴을 치며 "아이고, 내 팔자야!" 할 때가 있다. 생각해보면 비극의 현실 앞에서 누구나 희망보다 좌절이 앞서기에 이런 말을 하지만 그 좌절이 결코 비극의 현실을 해결할 수는 없는 것이다.

옛날 옛적 하나님께서 아브라함에게 주시겠다고 약속하신 하나님의 축복이 이삭과 야곱과 요셉에게로 이어지고, 이스라엘 백성들이 비록 애굽에서 종살이를 했다손 치더라도 하나님의 사람 영도자 모세를 통해서 출애굽의 역사가 나타났다.

모세가 느보산 산상에서 멀리 약속의 땅 가나안을 바라보며 세상을 떠난 후에, 하나님께서는 여호수아 장군으로 하여금 이스라엘 백성을 이끌고 가나안땅에 들어가 정착하여 그 땅의 열매를 먹으며 살게 하셨다.

이스라엘 사람들은 아브라함에게 축복한 하나님의 축복이 이제는 이루어지는구나했다.

그런데 사사들이 정치를 하면서 이스라엘에는 한치 앞을 내다 볼 수 없는 어두운 암운이 깃들기 시작했다. 어느 누가 보아도 아무런 소망이 없는 암흑기 사사시대인데 여기에 룻기라고 하는 아름다운 이야기가 있어서 우리는 이것을 사사시대의 꽃 같은 이야기라고 한다.

사사들이 치리하던 시대에 이스라엘에 흉년이 들어 먹고 살아갈 여망이 없자 엘리멜렉은 자기의 부인 나오미와 그의 두 아들 말론과 길룐을 데리고 고향 베들레헴을 떠나 이웃나라 모압 지방으로 갔다.

그곳에 가 살면서 웬일인지 나오미의 남편 엘리멜렉이 세상을 떠나게 되고, 그 후 두 아들 말론과 길룐이 결혼을 했는데 이민 10년 즈음에 이 두 아들마저 다 죽고 말았다.

살기 위해서 이방나라 모압으로 이민을 갔으나 그곳에서 남편과 두 아들을 잃었는데, 기록에 없는 성서의 명상을 더듬어 보면 아마도 나오미는 애통해하며 눈물을 흘리고 가슴을 치며 "아이고, 내 팔자야!" 하고 비극의 현장에서 쓰러졌을 지도 모른다.

그 후 나오미는 흐르는 세월 속에서 자기고향 베들레헴에 풍년이 들었다는 소식을 듣는다. 그래서 나오미는 다시 베들레헴으로 돌아가기로 결심을 했다. 그리고 과부가 된 두 며느리 오르바와 룻을 향해서 재가를 권유했다. 이 권유에 오르바는 가고 룻은 시어머니 나오미와 같이 살기로 하면서 다음과 같은 결심을 하는 것이다.

"어머님 가시는 곳으로 저도 가겠습니다. 어머님 머무시는 곳에 저도 머물겠습니다. 어머니의 겨레가 내 겨레요 어머니의 하나님이 제 하나님이십니다. 어머님이 눈 감으시는 곳에서 저도 눈을 감고 어머님 곁에 같이 묻히렵니다. 어떠한 일이 있어도 안 됩니다. 죽음밖에는 아무도 어머님에게서 떼어 내지 못합니다."

이 단호한 고백에 나오미는 룻을 데리고 고향 베들레헴으로 돌아온 것이다. 룻은 보아스의 땅에서 이삭줍기로 연명을 한다. 후에 룻은 부자 청년 보아스의 관심과 배려, 이해 그리고 존경과 소중히 여김을 받다가 결국 결혼을 했다.

그리고 그들은 시어머니 나오미를 잘 모시고 살았다. 그 후 룻은 아들을 낳았는데 그 이름을 오벳이라고 했고, 오벳은 자라서 이새를 낳고, 이새는 다윗을 낳았으며, 다윗의 후손에서 구세주 예수그리스도가 탄생하게 되었다.

아브라함에게 주시겠다고 약속하신 하나님의 축복이 사사시대에 와서 소멸되는 것이 아닌가 하고 걱정을 했는데, 하나님께서 이 캄캄한 밤 같은 암흑시대 속에서 이방계집 룻을 통하여 다시 새 메시야 시대를 열어가는 위대한 역사를 본다.

인간이 통곡하고 가슴을 치며 "아이고, 내 팔자야!" 하고 좌절 하는 순간 하나님은 그 속에서 새 역사를 준비하는 것이다.

진정 룻은 아브라함부터 시작되는 하나님의 위대한 역사가 다윗의 자손 예수그리스도에 이르는 징검다리 역할을 다한 것이다. "아이고, 내 팔자야!" 하는 순간은 아직도 내가 살아있다는 증거이며, 이 말은 우리에게 있어서 '희망의 징검다리'가 되는 것이다.

그리고 나오미가 베들레헴을 떠나 이방 모압으로 갔다가 다시 베들레헴으로 돌아오는 역사는 이스라엘 백성이 애굽에서 출애굽 한 것 같은 또하나의 출애굽사건이라는 사실을 기억하고 룻기를 읽어 주었으면 한다.

한눈으로 보는 사사들

이스라엘 백성들을 출애굽 시킨 모세가 백성들을 이끌고 희망의 땅 가나안을 향했지만 자신은 비스가산 상봉에서 멀리 가나안을 바라보면서 숨을 거두었다. 그 후 후계자 여호수아가 이스라엘 백성을 이끌고 가나안에 정착하여 각 지파에게 땅을 분배하고 세상을 떠나고부터 사사시대가 도래했다.

이스라엘의 사사는 열두 명으로 되어있다. 곧, 옷니엘, 에훗, 삼갈, 드보라, 기드온, 돌라, 야일, 입다, 입산, 엘론, 압돈, 삼손이다. 사사들의 활동은 크게 세 가지로 구분한다. 국민의 지도자의 역할, 선지자적인 역할, 그리고 군사적 지도자의 역할이다.

개인적인 활동을 살펴보면,
옷니엘은 이스라엘의 맨 처음 사사로서, 여호수아를 따라서 길르앗 세벨을 점령했고, 후에 메소포타미아의 왕 구산리사다임의 압박에서 이스라엘을 구원한 사사다. 그는 이스라엘에 40년의 평온을 가져 왔다. 옷니엘에 관한 성서의 지면은 11절이다.

에훗은 이스라엘 백성들이 18년 동안 모압왕 에글론 밑에서 고민하고 있을 때 사사로 부르심을 받았다. 모압왕에게 조공을 바치는 척 하며 찾아가서 왼팔에 숨겼던 검으로 상대를 죽이고 18년 동안 이스라엘의 평온을 가지고온 사사다. 에훗에 관한 성서의 지면은 19절이다.

삼갈은 소를 모는 채찍으로 블레셋 사람 600명을 죽이고 이스라엘을 구원한 사사다. 성서에는 이 한 절로 삼갈의 이야기는 끝이 난다.

드보라는 랍비돗의 아내이며 여선지자였다. 그가 이스라엘의 사사로서 가나안 사람의 군대를 격파하기 위해서 바락을 격려하여 북방 이스라엘의 여러 지파를 집결하여 적을 격파한 사람이다. 그의 공적이 성서에는 드보라의 시로써 잘 기록되어 있다. 40년 동안 평온을 가져왔으며 성서의 지면은 사사기 4장과 5장이며 총 55절이다.

기드온은 므낫세 족속 출신으로써 위대한 사사 중 한 사람이다. 그는 32000명의 군사에서 300명의 용장을 골라서 적군 미디안 군대를 쳐부수고 30년 동안 이스라엘의 평화를 가져온 사사다. 그리고 바알의 제단을 파괴하고 엘바알(바알에게 항변하라)이란 별명을 얻은 사람이다. 그의 기록은 사사기 6~8장으로서 총 110절이다.

돌라는 잇사갈 출신으로써 도도의 손자이며 부아의 아들이다. 그는 이스라엘을 구원하여 23년간 다스리다가 죽어 사밀에 묻혔다고 성서는 기록했다. 이 말이 전부다. 성서의 기록은 2절뿐이다.

야일은 22년 동안 이스라엘을 다스리다 죽어 카몬에 묻혔다고 했다. 이 기록이 그의 전부다.

입다는 압몬 족속과 싸워 이겨 이스라엘을 구원했다. 그는 출전할 때 전쟁에서 승리를 하고 집으로 돌아온다면 제일 먼저 환영을 하고 나오는 사람을 희생의 제물로 하나님께 바치겠다고 서원을 했다. 그런데 승리하고 돌아오니 그의 딸이 소고를 잡고 마중을 나오는 바람에 그의 사랑하는 딸을 번제로 드려야하는 안타까운 이야기를 기록하고 있다. 그는 6년 동안 이스라엘을 치리하다 죽어 길르앗에 있는 자기의 성읍 미스바에 묻혔다. 성서에 그에 관한 기록은 59절이다.

입산은 베들레헴 출신으로 이스라엘의 사사로 있으면서 7년을 치리했다. 그는 죽어 베들레헴에 묻혔다. 그에게는 딸 30명이 있었는데 자기 일가 아닌 다른 사람들에게 시집을 갔고, 아들이 30명인데 그들도 자기 일가 아닌 다른 사람을 며느리로 맞아들였다고 했다. 그 밖의 기록은 아무것도 없다. 성서의 기록은 단 2절뿐이다.

엘론은 스불론 출신으로 이스라엘의 사사가 되어 10년을 치리했다. 그는 죽어 스불론 땅 엘론에 묻혔다. 그 밖의 기록은 아무 것도 없다. 성서의 기록은 단 2절뿐이다.

압돈은 바라돈 출신 힐렐의 아들로서 이스라엘의 사사가 되어 8년을 치리했다. 그는 죽어 바라돈에 묻혔다. 성서에는 그가 나귀를 타고 다니는 아들 40명과 손자 30명이 있었다고 했다. 그 밖의 기록은 아무 것도 없다. 성서의 기록은 단 3절뿐이다.

삼손은 이스라엘의 최후의 사사로서 게릴라전에 능했다. 블레셋 사람들을 괴롭힌 사사인데 그는 블레셋 여인 들릴라라는 여인과의 관계에서

긴 머리털에 숨은 비밀을 알려줌으로 하나님이 주신 힘을 상실하고 적군에게 눈을 뽑히는 수모를 당했다.

그 후 그는 힘을 회복하여 다곤 신전의 돌기둥을 꺾어서 많은 블레셋 사람을 죽이고 자기도 죽었다. 하나님이 주신 힘을 선용하지 못하고 살아간 비운의 사사다. 그에 관한 성서의 기록은 사사기 13장에서 16장까지 많은 지면을 차지한다.

옷니엘, 에훗, 드보라, 기드온, 입다, 삼손은 그들에 대한 기록이 많아 대사사라 하고, 삼갈, 돌라, 야일, 입산, 엘론, 압돈은 그들에 대한 기록이 적어 소사사라 한다. 사사시대는 그때 임금이 없으므로 사람들이 각기 자기의 소견에 옳은 대로 행하였더라는 말로 끝을 맺는다. 곧, 어두움의 시대로 이스라엘의 암흑기이다.

바울은 히브리서 11장에서 믿음의 용장들을 소개하면서 사사시대 인물 중에는 기드온, 바락, 삼손, 입다를 소개 했는데, 여기 바락은 사사는 아니라 해도 드보라와 함께 의용군을 이끌어 시스라를 징벌했기 때문에 여기 그 이름이 오른 것 같다.

믿음으로 그들은 나라들을 정복하고, 정의를 실천하고, 약속된 것을 받고, 사자의 입을 막고, 불의 위력을 꺾고, 칼날을 피하고, 약한 데서 강해지고, 전쟁에서 용맹을 떨치고, 외국 군대를 물리쳤다고 했다.

여기에 기록된 사사들의 이름은 기드온, 삼손, 입다이다.
사사 가운데서 이 세 명을 제하면 다른 사사들은 별로 한 일들이 없이 평온한 가운데 그렇게 살아간 것 같다.

알파벳으로 풀어보는 사랑의 속성

철학자 에리히 프롬은 『사랑의 기술』이란 책 속에서 사랑은 주는 것이다, 사랑은 관심이다, 사랑은 책임이다, 사랑은 존중하고 소중히 여기는 것이다, 사랑은 이해하는 것이라고 정의했다.

성서에는 미움은 다툼을 일으켜도 사랑은 모든 허물을 가리는 것이라고 했다. 인간은 사랑을 먹고 사는 존재다.
데니스 엠 웨이틀리 Denis M. Waitley교수는 그의 책 『위대한 사랑의 씨앗』이란 글에서 L.O.V.E 로 사랑의 속성을 설명했다.

제일은 Listening으로 듣는 것이다.
우리는 서로가 말에 귀를 기울여야 한다. 부모와 아이, 스승과 학생, 남편과 아내, 위정자와 국민은 서로 귀를 기울여 들어야 한다. 상대의 말을 듣기 싫어하는 사람은 상대에 대한 사랑이 없는 사람이다.

상담학에서 상담자가 내담자의 말을 경청하지 아니할 때 내담자는 죽을지도 모른다. 그래서 타인의 말을 듣는다는 것은 Hearing(들리는 소리)이 아니고 Listening(경청해서 듣는 것)이다.

제이는 Over-Looking으로 눈감아 주는 것이다.

이 말은 구약성서에서 유월절Pass-over과 같은 의미를 가지고 있다. 모르는 척 한다, 눈감아 준다, 넘어간다는 뜻이다. 사람이 살아가면서 남의 허물과 죄만을 다 파헤치면 살아남을 사람이 아무도 없다. 털면 먼지 없는 사람이 없듯 모두가 죄인이다.

지나치게 도를 넘는 범죄나 인간됨을 포기하고 지은 죄는 엄하게 다스려야 하지만 자기 부족에 어쩌다 실수로 짓는 죄가 있으면 그 죄를 낱낱이 파헤치는 것보다는 알면서도 모르는 척 눈감아줌으로써 잘못을 부끄러워하고 회개하는 사람도 많이 있음을 기억해야 한다.

그래서 사랑은 눈감아 주는 것이다. 오늘날 많은 부부들이 자기 남편이나 아내들의 작은 잘못을 눈감아 주지 못하고 그것을 파헤치는 바람에 가정이 파괴되고 이혼을 하는 사람들이 많다.

제삼은 Valuing으로써 서로의 가치를 인정하는 것이다. 사회란 두 사람 이상이 모여 사회연대의 책임을 지고 서로의 공공공리를 위하여 살아가는 존재일진데 우리 모두는 다 소중한 이웃이다. 그러므로 상대의 가치를 인정해 주어야 한다. 왜냐하면 사람은 자기가 무시를 당할 때 제일 슬프다.

성서에는 아내가 남편을 하나님처럼 또 남편은 자기 아내를 자기 몸처럼 사랑하라고 했다. 이렇게 살면서도 문제가 있는 가정이 있을까? 누구든지 상대를 칭찬하고 존중하고 소중히 여기는 곳에 인간이 살아가는 삶의 보람이 있다.

제사는 Expressing으로써 표현하는 것이다.

이 단어는 사전에서 참으로 많은 의미로 사용 되는데, 그 중에는 표현의 의미가 있다. 우리가 누군가를 사랑한다면 사랑의 표현이 있어야 한다.

70년대 우리나라가 연탄을 가지고 가정의 연료로 사용할 때가 있었다. 비 오는 날 오후 달동네의 한 아주머니가 수레에 연탄을 싣고 가고 있었다. 경사진 고갯길을 애써 올라가는 모습을 본 대학생이 자기가 들고가던 가방과 쓰고 가던 우산을 땅에다 두고 아주머니의 수레를 밀어주었다. 이런 것이 이웃을 사랑하는 사랑의 표현이 아닐까 생각해 본다.

결혼식에 가보면 신랑 신부가 사랑의 표현으로 선물을 주고받는 모습을 보는데, 우리도 누군가를 사랑한다면 사랑의 표시가 있어야 한다.

동물의 세계에서 새들을 보면 사랑의 표시로 먹이를 주기도 하고 집도 지어준다. 우리 인간도 부모는 자식에게, 교사는 학생에게, 지도자는 백성에게 꼭 물질이 아니라도 사랑한다면 관심을 표해야 한다. 수고가 동반되지 아니하는 사랑은 정말 비 없는 구름이다.

인간이 서로가 이렇게 사랑을 하고 살면 열등감, 좌절감, 불안감에서 벗어날 수가 있고, 죄의식과 원한 그리고 공포심이 사라지고 오직 희망에 살아가는 것이다.

사랑이란 너무나 광범위한 것이어서 사랑에 대한 정의를 문자화 한다는 것은 참으로 어리석은 일이라고 생각하면서도 알파벳으로 풀어보는 사랑(Love)의 의미를 생각해 본다.

생활과 종교

마태복음 7장에는
구하라 그리하면 너희에게 주실 것이요
찾으라 그리하면 찾을 것이요
문을 두드리라 그리하면 너희에게 열릴 것이니
구하는 이마다 받을 것이요
찾는 이마다 찾을 것이요
두드리는 이에게는 열릴 것이라고 했다.

너희 중에 누가 아들이 떡을 달라 하는데 돌을 주며 생선을 달라 하는데 뱀을 줄 사람이 있겠느냐 너희가 악한 자라도 좋은 것으로 자식에게 줄 줄 알거든 하물며 하늘에 계신 너희 아버지께서 구하는 자에게 좋은 것으로 주시지 않겠느냐 그러므로 무엇이든지 남에게 대접을 받고자 하는 대로 너희도 남을 대접하라는 말씀이 기록되어 있다. 이는 구하는 자에게 주시는 하나님의 은혜를 말한다.

그런데 불교의 달마대사는 그의 혈맥론에서 붓다의 말을 기록했다.
구하지 말라. 왜? 네 속에 다 있으니까.
찾지 말라. 왜? 다 나타나 있으니까.
두드리지 말라. 왜? 문이 이미 열려 있으니까.

이 세상에 이처럼 서로 다른 이론이 또 어디에 있겠는가 하는 생각이 든다. 그러나 가만히 생각해보면 가장 다른 것이 가장 가깝게도 느껴진다. 하늘과 땅이 가장 멀지만 수평선을 보면 하늘과 땅은 붙어있다. 그러면서도 가까이하기에는 너무나도 멀다.

우리가 식당에 들어가 식사를 할 때
자장면과 울면이 다르고,
국수와 칼국수가 다르다.
그러나 생각해 보면 모두가 밀가루다.

오륙도 다섯 섬이 다시 보면 여섯 섬이라 했다.
밀물 때면 다섯 섬이고,
썰물 때면 여섯 섬이 된다.
그러나 물이 아주 없다고 생각하면 모두가 육지다.

그러나 또 생각해보면 물 없는 바다가 어디에 있으며 물 없는 지구가 어디에 있겠는가? 모두가 존재하고 있는 한 오륙도는 다섯 섬이고 다시 보면 여섯 섬이 된다. 그래서 두드리면 열리는 것이 진리이고 열렸으면 안 두드리는 것이 또 진리이다. 왜냐하면 이미 열려있는 문은 열 필요가 없으니까.

그리고 우리는 거부보다 수용이 낫고,
구하는 것보다 베풀 수 있으면 나눔이 좋다.
그리고 우리 모두는 이 세상에서 서로 다른 삶을 살지만,
죽으면 모두가 땅속에서 하나가 된다.

하지만 땅속에서 어떤 이는 생명의 부활로,
어떤 이는 심판의 부활로
나타남의 진리가 있음도 잊지 말았으면 한다.

굿 뉴스

마태복음 25장 13절에 보면 너희는 깨어있어라 했다. 신랑 되신 예수께서 다시 오실 때 등불 들고 나갈 준비를 하라고 했다. 항상 깨어 기도하고 거룩한 기름을 준비하라고 했다. 밝은 등불 손에 들고 주님 맞을 준비하라는 것이다.

우리는 간혹 TV에서 동물의 세계를 보면 사자나 표범이 임팔라나 가젤을 잡아먹기 위해서 살금살금 다가가면 나무 위의 원숭이나 새들이 그것을 보고 가젤이나 임팔라를 향해서 달아나라고 소리를 내며 무엇인가 전해주는 기별의 모습을 볼 수 있다.

동화작가 정채봉씨는 생각하는 이야기로 「바람의 기별」이라는 글을 썼다. 기별이란 전해주는 소식을 말한다. 아마도 일어나라, 움직여라, 뛰어라, 달아나라, 전투적인 자세가 생명이요 희망이라는 것 같다. 이 정채봉의 글 「바람의 기별」이라는 것도 이런 의미에서 생각해 보고 읽어 주었으면 한다.

풀 숲 위에 하루살이 형제가 열심히 날고 있었는데, 바로 그 풀 숲 밑에서 개구리 형제가 졸고 있었다. 한낮에 풀 숲 속에서 졸고 있는 개구리 형제를 내려다보는 아우 하루살이가 형에게 말을 했다.

"형, 우리도 저 개구리처럼 잠시 자다가 날아요." 이 말에 형 하루살이는 고개를 저으며 말한다. "아니다. 우리는 쉬고 있을 틈이 없다. 우리에게는 지금 이 순간이 곧 희망이요, 이 순간이 곧 우리 삶의 전부다."

아우 하루살이는 또 물었다. "지금이 희망의 그 순간이라는 말이 무슨 말이요?" 이 말에 형 하루살이가 말을 한다. "우리는 우리가 바라는 것을 지금 이루어야 한다. 우리에게 내일은 없다." 동생 하루살이가 또 묻는다. "우리의 명이 짧아서 그러는 가요?"

이 말에 형 하루살이는 말했다. "아니다. 삶이란 장단이 문제가 아니고 삶의 내용과 질이 문제다. 저 개구리들은 지금 약도 없는 죽을병에 걸려 있다. 곧, 움직여야 할 때 움직이지 않은 게으름이 큰 병이다. 우리는 그들에게 굿 뉴스 기별을 전해야 한다. 기별을."

하루살이 형제가 잠잘 틈도 없이 온종일 잠자는 개구리를 향하여
깨어나라,
일어나라,
움직이는 것이 희망이다,
희망은 움직이지 아니할 때 곰팡이 덩어리로 변한다고 하면서
외치고 또 외쳐도 개구리 형제는 잠만 잔다.

잠시 후에 잠들어있는 개구리 형제를 향해서 굶주린 뱀은 소리 없이 살금살금 다가가고 있었다.

일어나라 주의 백성들 빛을 발하라 울부짖는 마귀는 사자처럼 삼킬 자를

찾나니 깨어나라 일어나라 빛을 발하라. 이는 잠들어 있는 개구리 인생을 향하여 주는 하나님의 말씀이다.

이 글을 읽는 당신도 잠자고 있는 저 많은 영혼들을 향해서 쉬지도 아니하고 날며 소리치는 저 하루살이처럼 신랑 되신 예수께서 다시 오실 때 '밝은 등불 들고 나갈 준비됐는가?' 하고 외쳤으면 한다.

신랑되신 예수께서 다시 오실 때
밝은 등불 들고 나갈 준비됐는가
그날밤 그날밤에 주님 맞을 준비됐는가
예비하고 예비하라 우리 신랑 예수 오실 때
밝은 등불 손에 들고 기쁨으로 주를 맞으라

의심의 병

요한복음 20장에는 의심 많은 도마의 이야기가 기록되어 있다. 예수그리스도가 죽었다가 부활을 해서 제자들이 모인 곳에 나타났다. 예수께서 너희에게 평강이 있을지어다 하시고 숨을 내쉬며 가라사대 성령을 받으라고 했다. 그리고 너희가 뉘 죄든지 사하면 사하여질 것이요 뉘 죄든지 그대로 두면 그대로 있으리라고 했다.

이때 12제자 가운데 도마는 예수가 오셨을 때 함께 있지 아니하고 다른 제자들에게 이 사실을 전해 들었다. 듣고 난 도마는 내가 예수님의 못 자국을 보며 옆구리를 만져보지 아니하고는 결코 믿을 수가 없다고 했다. 의심이 병이다.

옛날 중국 춘추시대에 기록된 『여씨춘추』라는 책이 있다. 이 책은 26권으로 된 방대한 책인데, 3000여명의 지혜자들이 그들의 지혜를 모아 쓴 글이다. 이 책 속에는 도끼를 잃은 한 사람의 이야기가 실려 있다.

옛날에 시골 한 농부가 산에 가서 나무를 하다가 도끼를 잃었다. 그가 도끼를 잃어버리고 집으로 돌아와서 생각하니 아마도 저 옆집에 사는 아주머니의 아들 소행이 아닌가 하는 생각이 들었다. 그래서 그는 매일 매일 그 아들의 행동 하나하나를 예의 주시하며 살펴보았다.

그는 마음에 '저놈이 틀림없이 내 도끼를 훔친 도적놈이야.' 생각하고 그 아이를 바라보았더니 그 아이의 걷는 모습이며, 얼굴의 모양새며, 말하는 말소리며, 행동하는 모든 것이 도적놈임에 틀림없었다.

어느 날 하루 그를 만나 '이놈, 네가 내 도끼를 훔쳐간 도적놈이지.' 하고 말을 하려다가 꾹 참고 다시 산으로 갔다. 그런데 그날 그는 산에 가서 나뭇잎에 덮인 도끼를 찾았다. 그는 이 도끼가 여기 있었네 하면서 도끼를 가지고 집으로 내려 왔다.

그 후 그는 그 이웃집 아이를 잠시나마 마음속으로 도적놈이라고 생각했던 것에 대하여 참으로 미안하게 생각한 것이다. 그리고 그 후 다시 그 아이를 바라보았을 때 그 아이는 모든 면에서 순진하게 보였고 착하게만 보인 것이다.

가만히 생각해보니 그 아이가 도적놈으로 보이고 또 선하고 착하게 보이는 것이 그 아이에게 있는 것이 아니고 전적 내 마음이 문제요 내 의심이 문제였다.

예수의 제자 도마도 의심이 많았다. 예수의 부활소식을 다른 제자들로부터 듣고 의심이 갔다. 그는 예수의 부활을 믿지 못했다. 그 후 8일이 지난 어느 날 하루 예수께서 다시 나타났다. 또 너희에게 평강이 있을지어다 하시고 도마에게 가로되 "네 손가락을 이리로 내밀어 내 손을 만져보고 내 옆구리에 손을 넣어 보아라. 그리고 믿음 없는 자가 되지 말고 믿음 있는 자가 되라."고 했다.

도마는 예수를 보고 나의 주시여 나의 하나님이라고 고백했다. 우리는 믿음의 눈으로 예수를 바라보면 예수가 구세주로 보이고, 우리가 불신의 눈으로 예수를 바라보면 예수는 사기꾼으로 보인다.

우리의 신용 지수는 얼마나 될까? 공산주의 국가에서는 신용지수가 없다. 비밀경찰과 스파이가 판을 친다. 그러다가 결국 망하는 것이 공산국가다.

우리나라는 얼마 전 미국 무디회사로부터 신용등급이 상향조정된 일이 있었다. 참 다행한 일이다. 우리 주변에는 모든 사람이 다 속여먹고 사는 사람 같이 보이는데, 우리도 마음을 고쳐야겠다.

우리는 우리의 이웃을 향해서 다음 두 마디 말이면 족하지 않을까 생각한다.
나는 너를 사랑한다.(I still love you.)
나는 너를 신뢰한다.(I still trust you.)

오늘 우리는 의심의 병에서 치유되고 믿음으로 예수를 구주로 영접하고 신용을 가지고 이웃과 함께 사는 사회가 되었으면 한다.

신앙의 코뚜레

마태복음 16장 24절에서 예수께서는 제자들에게 말씀하셨다. "누구든지 나를 따라오려거든 자기를 부인하고 제 십자가를 지고 나를 따라 오라."

예수를 믿는다고 하는 것은 십자가를 지는 일이다. 십자가 없는 신앙은 방종이다. 작가 정채봉 씨는 「코뚜레가 일을 한다」는 글을 썼다. 이 글은 생각하는 글이다. 어미 소가 두 마리의 송아지를 낳았다. 송아지가 자라 코뚜레를 할 때가 되자 맏이 송아지가 농부한테 사정을 했다.

맏이 송아지: 주인님 저한테는 코뚜레를 하지 말아 주십시오.
농부: 코뚜레를 하지 아니하면 망아지가 되고 말텐데.
맏이 송아지: 아닙니다, 주인님. 코뚜레를 하여야만 일을 시킬 수 있다는 것은 옛날 생각입니다. 두고 보십시오. 코뚜레를 하지 않으면 일을 곱절로 더 잘한다는 칭찬을 제가 듣고 말겠습니다.

이 말에 농부는 맏이 송아지의 말을 들어 코뚜레를 하지 아니하고 동생 송아지한테만 코뚜레를 했다. 맏이 송아지는 코뚜레가 없이도 스스로 멍에를 메고 쟁기를 잘 끌었다. 코뚜레를 한 아래 송아지가 지쳐 쉴 때도 맏이 송아지는 더욱 힘을 내어 달구지를 끌었다.

세월이 흘러 코뚜레를 하지 아니한 맏이 송아지가 황소가 되었다. 이 황소가 꾀가 났다. 일을 피해 달아나기도 하고 자기를 붙잡으러오는 농부를 뿔로 받기도 하고 때론 발로 차기도 했다.

그런데 어느 날 코뚜레를 한 아래소가 들에서 돌아와 보니 맏이소가 보이지를 않는다. 그래서 주인에게 물었다. "맏이소가 어디로 갔습니까?" 주인은 말했다. "도살장으로 보냈어."

오늘날 많은 사람들이 종교 없이도 정직하게만 살면 된다고 하지만 그것은 코뚜레보다 더 어려운 일이다.

종교는 우리에게 하라는 장려 사항과 하지 말라는 금지 사항이 있다. 이것은 우리 인간 삶의 청신호, 적신호가 되어서 우리를 보호해주는 안전띠 역할을 한다. 그래서 우리의 아픔이 우리에게 자유를 가져오는 것이다. 코뚜레가 일을 한다.

우리는 신앙의 코뚜레를 하고 살아야 한다. 이것이 자기 십자가를 지고 주님을 따라가는 길이다. 누구든지 나를 따라오려거든 자기를 부인하고 제 십자가를 지고 나를 따라 오라.

인권을 유린하는 자의 말로

인권이란 자연인의 자유평등의 권리이고, 인권선언은 1789년 8월 26일 프랑스 국민의회의 결의로 선포된 국민의 자유 평등에 관한 선언이다. 이 선언이 프랑스 대혁명의 발단이 되고 근세민주주의 운동의 도화선이 되었다.

성서에는 인권을 유린하는 자에 대한 비극의 이야기가 많이 기록되어 있다. 그들의 인생은 비참한 최후를 맞이했다.

열왕기에 보면 이스라엘의 제7대왕 아합은 오므리의 아들로서 시돈왕의 딸 이세벨을 왕비로 삼았다. 왕의 아들로 태어나 왕의 딸과 결혼한 그는 권리를 남용하여 이스루엘 부근에 있는 나봇의 포도원을 강제로 자기 것으로 만들려고 했다.

왕의 뜻대로 일이 성사되지 않을 때 왕비는 왕의 권력을 남용하면서 율법적 살인으로 나봇을 죽이고 포도원을 강제로 빼앗았다. 그러나 그 결과로 아합왕은 수리야와의 전쟁에서 패하여 진중에서 처참한 죽임을 당했다.

그리고 그의 부인 이세벨은 국민의 노여움을 샀고, 결국 예후왕의 손에 참살을 당했다. 열왕기하 9장 36절에 나타난 그의 죽음을 보면, 예후가 공격을 해올 때 그것을 무시하고 얼굴에 화장만을 하고 있었다.

그 때 내시들이 강제로 이세벨을 들어서 멀리 창밖으로 내던졌다. 이로 인하여 이세벨의 몸이 만신창이가 되고, 길거리 개들이 그의 피를 핥고 살을 먹었다고 했다.

이것은 인권유린과 권력남용에서 온 결과다. 뿐만 아니다 아합의 왕자 70명도 죽임을 당했고 그들의 머리가 광주리에 담겨져 예후왕에게 보내졌다. 남의 귀한 포도원을 강제로 빼앗아 자기의 나물 밭으로 삼겠다는 왕의 발상에 내리는 하나님의 큰 징계다.

출애굽기에는 이스라엘 백성에 대한 바로왕의 인권유린이 기록되어 있다. 애굽에 있어서 이스라엘 백성들은 강제로 산아제한을 당했다. 남자가 나면 죽이고 여자면 살리라는 것이다. 이뿐 아니라 강제노동에 자유를 억압하고, 종교의 자유를 불허했다.

이 권력남용의 결과로 애굽에는 하나님의 무서운 심판이 내려졌다. 이것을 우리는 애굽에 내린 10가지 재앙이라고 한다.

사람이 사람을 무시하면 보복이 온다. 블레셋 대장 골리앗 장군은 이스라엘의 양치는 목동 다윗을 무시했다. 그 결과로 그는 다윗의 물맷돌에 맞아 죽었다. 그는 자기가 차고 있던 장금에 의해 다윗의 손에 목이 베어 죽었다. 약자를 무시하고 깔보는 자에 대한 하나님의 징계다.

그런데 여기 다윗도 통일 이스라엘의 제2대 임금으로 있을 때 그는 자기의 군대장관 우리아를 죽이고 그의 사랑하는 아내까지 강제로 빼앗았다. 이런 물리적인 힘의 남용은 나단 선지의 영향력을 능가하지 못했다. 그래서 그는 나단 선지 앞에서 무릎을 꿇었다. 다윗은 눈물을 흘리며 가슴을 치고 회개를 했다. 그 회개로 다윗은 살기는 했지만 그의 아들이 죽는 형벌을 받았다.

마태복음에는 헤롯왕이 예수그리스도의 강탄 소식을 들었을 때 자기의 왕위가 위태로워질까 염려한 나머지 당시 세 살 밑 어린아이들을 모두 다 죽이는 소동이 벌어진 기록이 있다. 이 결과로 그의 몸은 충이 먹어 비참한 죽음을 맞이했다.

높은 자, 있는 자, 힘 있는 자, 지식인들은 그들이 가지고 있는 것을 남용하면 죄가 되고, 남의 인권을 무시하면 그것으로 끝나지 아니하고 보복이 곧 따라온다. 인권이란 자연인의 권리다.

오늘날 많은 사람들이 권력자 밑에서 인권이 짓밟히고, 있는 자 밑에서 가난한 자가 무시를 당하고, 높은 자 밑에서 낮은 자가 슬픔을 당하는 것은 참으로 비극적인 일이다.

이런 자들은 무서운 보복이 오기 전에 인간 본심으로 돌아갔으면 한다. 왜냐하면 정말 무서워해야 할 분은 전능하신 하나님이시기 때문이다. 그가 지금 지켜보고 계시는 것이다.

시 2편 10~11절에
이제, 왕들아, 지혜를 배워라.
땅 위에 있는 통치자들아, 경고하는 이 말을 받아들여라.
두려운 마음으로 주를 섬기고,
떨리는 마음으로 주를 찬양하여라고 했다.

인권을 유린하는 자들이 경청해 들어야 할 하나님의 말씀이다.

사랑과 실용주의

요한복음 12장 1절~8절 보면 유월절 엿새 전에 예수께서 베다니로 가셨다. 그 곳은 예수께서 죽은 사람들 가운데서 살리신 나사로가 사는 곳이다. 거기에서 예수를 위하여 잔치를 베풀었는데, 마르다는 시중을 들고 있었고, 나사로는 예수와 함께 음식을 먹고 있는 사람 가운데 끼어 있었다.

그 때에 마리아가 매우 값진 순 나드 향유 한 근을 가져다가 예수의 발에 붓고 자기 머리털로 그 발을 닦았다. 온 집 안에 향유 냄새가 가득 찼다. 제자 가운데 하나로써 장차 예수를 넘겨 줄 가룟 사람 유다가 말하였다.

"이 향유를 삼백 데나리온에 팔아서 가난한 사람들에게 주지 않고, 왜 이렇게 낭비하는가?"(그는 가난한 사람을 생각해서 이렇게 말한 것이 아니다. 그가 도둑이어서 돈 자루를 맡아 가지고 있으면서 거기에 든 것을 훔쳐내곤 하였기 때문이다.)

예수께서 말씀하셨다. "그대로 두어라. 그는 나의 장례 날에 쓰려고 간직한 것을 쓴 것이다. 가난한 사람들은 언제나 너희와 함께 있지만, 나는 언제나 너희와 함께 있는 것이 아니다."

위의 이야기에서 값진 향유를 예수그리스도의 발에 붓는 사람은 여인 마리아이고, 그것을 삼백 데나리온에 팔아서 가난한 사람을 돕자는 사람은 가룟 유다이다.

오늘날 많은 사람들은 가룟 유다와 같이 실용주의에 살아가는 사람들이 많다. 그러나 실용주의에 만족하는 사람이 얼마나 될까?

우리는 일제시대를 지나 6·25전쟁 그리고 60년대의 가난에서 오늘의 경제성장을 가져왔다. 하지만 물질에 만족을 느끼는 사람은 아무도 없다. 돈이란 모으고 모아도 만족이 없고 더 갈증을 느낀다. 그래서 구약 전도서 기자는 모든 강물이 흘러 흘러서 바다로 가지만 바다를 채울 수 없는 것처럼 인간이 아무리 재물을 모아도 거기에 만족은 없다고 했다.

일찍이 예수그리스도는 사랑을 설파했다. 왜냐하면 사랑은 실용주의보다 더 강하다. 실용주의는 눈에 보이는 것이고 사랑은 눈에 보이지 않는 것이다. 눈에 보이지 않는 사랑은 눈에 보이는 실용주의보다 더 강하다.

마태복음 19장에 나타난 부자청년은 그의 부에 만족함이 없었다. 실용주의에 만족을 느끼지 못한 그는 예수그리스도를 찾아갔다. 예수께서 그에게 말씀하셨다. "네가 완전한 사람이 되고자 하거든 가서 네 소유를 팔아서 가난한 사람에게 주어라. 그리하면 네가 하늘에서 보화를 차지하게 될 것이다. 그리고 와서 나를 따르라."

그러나 그 젊은이는 이 말씀을 듣고, 근심하면서 떠나갔다고 했다.

그에게는 재산이 많았기 때문이다. 예수께서 제자들에게 말씀하시기를 "내가 진정으로 너희에게 말한다. 부자는 하늘 나라에 들어가기가 어렵다." 하시고. "부자가 하나님의 나라에 들어가는 것보다 낙타가 바늘귀로 지나가는 것이 더 쉽다."고 했다.

우리는 가룟 유다의 실용주의보다 마리아의 사랑에 살아갔으면 한다.

현대교회의 신앙형태

마태복음 16장에서 예수님은 말씀하셨다. 너희는 나를 누구라고 하느냐? 시몬 베드로가 대답했다. 주는 그리스도시요 살아 계신 하나님의 아들입니다. 이 고백에 예수님은 내가 이 반석 위에 내 교회를 세우리니 음부의 권세가 이기지 못하리라고 했다. 여기에 반석은 베드로의 신앙고백을 말한다.

교회는 예수그리스도가 살아계신 하나님의 아들이라고 고백 하는 사람들의 모임이다. 그런데 여기에 모인 현대인들의 신앙형태가 매우 다양하다. 크게 분류해 보면 다음과 같다.

첫째, 성서(Bible) 중심의 신앙이다. 이 신앙형태의 특징은
엄한 교리(Doctrine)를 강조한다.
율법주의(Legalism)에 가깝다.
근본주의(Fundamentalism)이다.
성부 하나님(God-Father)의 역사를 강조한다.
보수주의자들이란 말을 듣는다.

둘째, 윤리(Ethics) 중심의 신앙이다. 이 신앙형태의 특징은

사회 자비(Social-Compassion)를 강조한다.
세속화(Secularism) 운동에 힘쓴다.
자유주의(Liberalism)를 강조한다.
성자 예수님(God-Jesus)의 삶을 강조한다.
진보주의자들이란 말을 듣는다.

셋째, 성령(Spirit) 중심의 신앙이다. 이 신앙형태의 특징은
성결(Sanctification)을 강조한다.
감성(Emotionalism)에 호소한다.
거룩성(Holiness)을 강조한다.
성령 하나님(God-Spirit)의 능력을 강조한다.
신령주의자들이란 말을 듣는다.

넷째, 전통(Tradition) 중심의 신앙이다. 이 신앙형태의 특징은
예배(Worship)를 중요시한다.
의식(Ritualism)에 엄하다
형식(Formalism)을 강조한다.
인간(Man)을 강조한다.
전통주의자들이란 말을 듣는다.

현대교회의 신앙형태를 보면서 어느 한곳에 치우치기보다는 전부를
다 수용하는 신앙생활이 최고(BEST)의 신앙이 아닌가 싶다. 나는 어디
에, 우리교회는 어디에 속해 있는가?

제2부
생각하는 이야기

황금 열매를 맺는 나무 씨

유대인들 사이에서 전해져 내려오는 이야기가 있다. 옛날 어느 나라 임금님이 자기 나라에 거짓말 하는 사람이 너무 많아서 사회 기강이 말이 아니었다. 하는 수 없이 왕은 칙령을 내렸다. 지금부터 거짓말을 하는 사람은 즉시 사형이다.

이 법령이 공포되자마자 한 사람이 거짓말을 해서 잡혀왔다. 왕은 즉시 처단하라고 명한다. 이때 범인은 왕에게 말을 했다. "임금님 죽기 전에 마지막 소원이 있습니다." 이 말에 임금님은 "그 소원이 무엇이냐?"고 물었다.

죄인: 왕이시여, 제가 죽기 전에 왕에게 전할 하나의 비밀을 가지고 있습니다.
왕: 그래 그 비밀이 무엇인가?
죄인: 다름이 아니오라 저는 죽어도 좋으나 제가 지금 하나의 나무 씨를 가지고 있습니다.
왕: 그래서?
죄인: 이 나무 씨를 심으면 그 다음날 바로 자라서 황금 열매가 주렁주렁 열립니다. 이 씨를 왕께 드리겠습니다.

왕은 이런 신기한 나무 씨가 있나 하고 기뻐하며 받았다.

죄인은 또 말했다.

죄인: 임금님, 한 가지 조건은 그 씨는 정직한 사람이 심어야 합니다. 거짓말을 하는 사람이 심으면 절대로 나지를 않습니다.

이 말에 왕은 갑자기 걱정이 생겼다. 만일 자기가 심어서 그 씨가 싹이 나오지 아니하면 자기가 거짓말을 한 사람이 되기 때문에 씨를 심기가 두려워졌다. 생각다 못한 왕은 그 씨앗을 대신에게 주기로 했다.

이 씨를 받은 대신은 또 겁이 나서 사양을 했다. 그래서 이 황금 열매를 맺는 나무 씨는 그 다음 그 다음 하다가 결국 말단 내시에게까지 갔다. 결국 내시도 사양하자 그 씨는 심어보지도 못하고 말았다.

이 이야기는 정직이 없는 사회를 비꼬는 말이다. 오늘날 우리사회에 크리스천과 불신자를 구별하는 것이 있다면 무엇일까? 그것은 목에나 손목에 십자가를 걸고 다닌다거나 가슴에 단 십자가를 보고 아는 것이 아니고 입으로 기도나 찬양을 하는 것을 보고 구별하는 것도 아니다. 구별은 그 사람의 정직성에 있는 것이다.

우리 인간은 눈앞에 있는 작은 이익을 탐하다가 큰 것을 잃을 때가 많다. 소탐대실小貪大失이란 말이 바로 그 말이다.

어떤 설교자는 이런 말을 했다. 정직하게 살다가 열十을 손해 보면 하나님은 그 위에 하나를 더해주서서 열十이 천千이 되게 하신다고 했다. 곧, 천배로 갚아 주신다는 것이다.

거짓말 하지 말라는 계명은 십계명 가운데 9번째이다. 9번째에 있는
이 계명을 우리가 지키지 못하고 무너지면 이상하게도 10계명 전부가
부실한 아파트나 다리처럼 와르르 하고 무너지고 만다. 깊이 명심하고
또 명심해야 할 진리다.

이정표가 있는 인생

40대 후반의 한 남성이 연세대학교 연합신대원에 입학을 했다. 지도교수가 원생에게 물었다. 사회에서 무슨 일을 하다가 이제야 신학교에 입학을 했느냐는 질문에, 그는 증권회사와 대기업의 간부로 일을 하다가 늦게 신학교 입학을 했다고 했다. 그리고 부모님과 함께 몸담고 있는 종교에서 환멸을 느낀 나머지 그는 기독교로 개종을 했다는 것이다.

불교에서 기독교로 개종하기 전 그는 식구들과 같이 절에 가서 스님들로부터 많은 설법을 들었는데, 문제는 그들의 말보다 행함이 없는 이중생활에 환멸을 느꼈다는 것이다.

그러면 왜 하필 기독교를 선택하였는가라는 질문에 대기업의 간부로 있으면서 예하기업들에 감사를 가면 전부는 아니라 해도 기독교인 기업이 정직하게 장부정리가 잘되어 있고 결백했으며, 또 많은 회사 사장들이 사업을 하다가 실패를 하면 회사를 포기하는 사람이 많은데 기독교신자들은 2보 후퇴 3보 전진 정신과 7전 8기의 정신으로 재기에 성공하는 사람들이 많았다는 것이다.

그래서 그는 기독교가 어떤 종교이기에 이와 같은 정신이 나왔을까 생각하고 방황하다 늦게나마 목표 있는 인생을 살고파서 신학교의 문을 두드렸다는 것이다.

기독교 신앙이란 무엇인가? 여기에는 여러 가지 대답이 있을 수 있지만 기독교 신앙은 목표 있는 삶과 이정표가 있는 삶이다. 가수 김상진은 「이정표 없는 거리」에서 이리 갈까 저리 갈까 차라리 돌아갈까 세 갈래길 삼거리에 비가 내린다고 하면서 이정표 없는 거리를 노래했다. 그런데 생각해보면 이정표가 없는 거리는 헤맬 수밖에 없고 목표가 없는 인생 삶은 무의미한 것이다.

영화 「마이 웨이」를 보면 노 마라토너 딕Dick이 열심히 달리고 있는 모습을 볼 수 있다. 그는 달리고 달리다 지쳐 쓰러지지만 그래도 그는 이정표가 있기 때문에 곁길로 가지도 아니하고, 목표가 있기 때문에 또 일어선다.

등수에는 아무런 관계가 없다. 달리다 넘어지고 또 넘어지면 일어나고를 반복하다 결국은 골인을 한다. 예수를 믿는 우리를 사도바울은 경주자라고 했다. 경주자는 앞에 있는 목표를 보고 달려야 한다. 넘어지고 쓰러지더라도 일어나야 한다.

시인 이은상은 「고지가 바로 저긴데」라는 제목에서 다음과 같은 시를 썼다.

고난의 운명을 지고 역사의 능선을 타고
이 밤도 허우적거리며 가야만 하는 겨레가 있다
고지가 바로 저긴데 에서 말 수는 없다
넘어지고 깨어지고라도 한 조각 심장만 남거들랑

부둥켜안고 가야만 하는 겨레가 있다
새는 날 피 속에 웃는 모습 다시 한 번 보고 싶다.

이 시는 목표가 있는 시다. 성서를 보면 성서가 인생 삶의 설명서이기 때문에 오늘 우리 인생이 달려갈 목표와 가야할 이정표가 잘 나타나 있다.

그래서 우리는 '인생은 나그네길 어디서 왔다가 어디로 가는가.'라고 묻지 말아야 하고, 이정표 없는 거리에 서서 이리 갈까 저리 갈까 차라리 돌아갈까 하며 망설여서도 안 된다. 왜냐하면 예수를 믿는 사람은 목표가 있고 이정표가 있기 때문이다.

하나님을 아는 지식

신학자 칼빈은 26세의 젊은 나이에 『기독교 강요』라고 하는 책을 집필했다. 그 책의 제일장이 "하나님을 아는 지식"이다.

언제인가 친구 교수께서 스마트폰 하나를 선물했다. 그런데 나는 그 스마트폰에 관한 지식이 없어서 오는 전화만 받는다. 스마트폰의 기능을 다 알려면 설명서를 잘 읽어보고 배워야 한다. 지식이 없으면 스마트폰의 기능은 사장되고 마는 것이다.

그리고 그 기능을 잘 모르면 스마트폰을 사준 사람에게는 실례가 되고 스마트폰을 제대로 사용하지 못하면 만든 사람 앞에서는 바보가 되고 만다. 설명서를 보았더니 스마트폰의 기능이 정말 다양하고 대단하다. 그리고 이 스마트폰은 우연의 산물이 아니고 필연에 의한 산물인데, 물건이나 사람은 언제나 자기 자리에서 자기 기능을 다할 때 값진 것이다.

하나님은 인간을 창조하였다. 인간은 무엇이며 인간의 기능은 무엇일까? 스마트폰의 기능이 있는 것처럼 인간에게도 인간의 기능이 있다.

하나님을 아는 지식은 하나님을 알면 인간이 무엇이며 인간의 기능이 무엇인지를 알 수 있다는 것이다. 그런데 유한한 인간이 어떻게 무한 가운데 계시는 하나님을 알 수 있겠는가? 그 회답은 하나님이 자기 자신을 인간에게 보여주는 방법밖에 없다.

왜냐하면 하나님은 무한하시고 인간은 유한하기 때문이다. 무한의 하나님이 유한의 인간에게 나타내 보여 주는 것을 계시(Revelation)라고 한다. 계시란 곧, 베일Veil을 벗긴다는 뜻으로써 하나님이 자기 자신을 인간에게 보여주는 것을 말한다.

하나님은 자기 자신을 두 가지 방법으로 인간에게 보여주셨다. 그 하나는 일반계시(자연계시)이고, 다른 하나는 특별계시(성서, 예수)이다. 그래서 사도 바울은 로마서 1장 20절에서 하나님의 영원하신 능력과 신성이 그 만드신 만물에 분명히 보여 알게 되나니(일반계시를 말함)라고 하였고,

사도 요한은 예수를 본 사람은 하나님을 보았다고 했다.(요 14:9) 이것은 특별계시를 말한다. 그래서 인간은 자연을 보고도 하나님을 알 수 있고, 성서를 보고도 하나님을 알 수 있음으로 인간이 하나님을 몰랐다고 한다면 그것은 핑계라는 것이다.

우리가 인간이 무엇이며 인간의 기능이 무엇인가를 알려면 자연을 보고, 또 성서를 보면 된다. 왜냐하면 성서는 인간에 대한 설명서이기 때문이다. 이 설명서를 보면 소크라테스의 말처럼 "자기 자신을 알라"라는 진리와 함께 자기 자신을 알게 된다.

시인 구상 씨는 「말씀의 실상(實相)」에서 이렇게 시를 썼다.

영혼의 눈에 끼었던 무명無明의 백태가 벗어지며
나를 에워싼 만유일체萬有一切가 말씀임을 깨닫습니다.
노상 무심히 보아오던 손가락이 열 개인 것도
이적異蹟에나 접하듯 새삼 놀라웁고.
창밖 울타리 한구석 새로 피는 개나리꽃도 부활復活의 시범示範을 보듯
사뭇 황홀합니다.

창창蒼蒼한 우주宇宙, 허막虛漠의 바다에
모래알보다도 작은 내가 말씀의 신령한 그 은혜로
이렇게 오물거리고 있음을 상상도 아니요 상징象徵도 아닌 실상實相으
로 깨닫습니다.

이 시는 자연계시에서 하나님을 알고 쓴 시이다.

인간이 신앙의 눈을 뜨면 인간에게 주신 하나님의 달란트가 무엇인지
를 알게 된다. 우리 민족은 하나님이 주신 이 달란트를 잘 활용해서 세
계에서 제일가는 휴대폰을 만들었고, 고도의 경제 성장과 함께 빠른 속
도로 민주주의를 실현했다.

그리고 세계에서 소수 민족이요 이 작은 나라가 조선 산업으로도 세계
에서 제일이며, 멀지 아니하여 세계에서 제일가는 대형 썬-크루즈 호
를 만들어 바다에 띄운다는 것이다.

뿐만 아니라 우주 산업에서도 우리는 여성 우주인을 탄생시킨 나라가 되었다. 또 우리나라가 IMF로 위기에 처할 때는 많은 사람들이 은행 앞에 줄을 서서 금 모으기에 앞장을 섰다. 이러한 모습을 지켜본 한 외국인은 "Korean Wonderful, Korean Wonderful" 하고 외쳤다.

런던 올림픽에서 한국이 7등을 한 것도 우연이 아니다. 그래서 우리는 달란트를 주신 하나님께 감사해야 하고 또 계속 달란트(기능)가 무엇이 있는지 알아보기 위해서 더욱 부지런히 인간에 대한 설명서인 성서 교육에 힘써 하나님을 아는 지식에 살아갔으면 한다.

한 노모의 자녀교육

옛날 옛적에 시골에 사는 한 노모가 있었다. 그는 사랑하는 아들에게 돈을 주면서 시장에 가서 강아지 한 마리를 사오라고 했다. 이 어머니의 분부에 아들은 시장에 가서 복슬 강아지 한 마리를 샀다.

아들은 새끼줄로 강아지의 목을 묶고 가자며 줄을 당겼는데 강아지가 따라오지를 안 했다. 강제로 당기는 모습을 본 사람들이 강아지는 안고 가야 된다고 했다. 이 말에 그 아들은 강아지를 안고 집으로 오고 있었다.

그리고 한참을 오는데 또 한 사람이 말을 했다. 강아지는 목을 잡고 가야 한다고 했다. 마치 동물의 세계에서 보면 사자가 자기 새끼를 이쪽 굴에서 다른 쪽 굴로 이동을 할 때 사자는 꼭 자기 새끼의 목덜미를 물고 옮겨 다니는 모습을 볼 수 있다. 그래서인지 목을 쥐고 가라고 한 모양이다.

이 말에 아들은 강아지의 목을 꼭 잡고 집으로 가고 있었다. 그런데 가다보니 강아지가 숨을 쉬지 못해서 죽고 말았다. 죽은 강아지를 본 사람들이 죽은 강아지는 버리고 가라고 했다.

이 말에 아들은 강아지를 길가에 버리고 빈손으로 집으로 갔다. 아들이 집에 들어오자 어머니는 아들을 보며 "강아지는?" 하고 물었다. 그러자 아들은 여차여차히 이렇게 해서 강아지를 버리고 왔다고 했다.

아들의 이야기를 다 들은 어머니는 아무 말이 없이 부엌으로 갔다. 그리고 밥상을 들고 와서 아들에게 주며 "배고프겠다. 빨리 밥을 먹어라." 하였다. 그리고 어머니는 그 아들에 대한 교육과 함께 격려도 잊지 아니했다.

우리는 간혹 자녀들이 어떤 일에 실수를 하면 욕설과 함께 매가 먼저다. 그러나 그것은 교육에 아무런 효과가 없다. 교육을 제대로 시키지 못하는 자기 자신을 탓해야 한다. 그리고 인간 교육은 두 번, 세 번, 열 번 교육이 있을 뿐이다.

여기에 천리 길도 한 걸음부터라는 진리와 함께, 태산이 높다하되 하늘 아래 뫼이로다가 된다.

간디의 망국론

인도 민족의 지도자요 사상가였던 간디는 인도 건국의 아버지이다. 1930년 인도의 현실을 앞에 두고 그는 다음과 같은 망국론을 폈다.

첫째, 원칙 없는 정치를 규탄한다. 정치인들의 말이 조석으로 다르고 확신이나 기준이 없고, 얼핏 하면 국민의 이름을 잘 팔아먹는다. 하는 일이 권모술수에 가까우면 나라가 망한다고 했다. 그런데 오늘 우리의 현실을 보면 정치가들은 거의 악질에 가깝다. 국민을 위한다면서도 국민과는 거리가 멀다. 그래서 정치에는 어떤 원칙이 있어야 한다.

둘째는 도덕 없는 경제를 들었다. 불량식품을 만들어 팔아도 돈만 벌면 된다는 경제관념은 인간에게 죽음을 가져온다. 친환경 농산물이라고 아무리 선전을 하고, 진짜 참기름이라고 병에 써 붙이고 팔아도 소비자는 너무나 속아왔기에 진짜 순 참기름을 찾는다. 상도덕이 사라지면 경제는 파탄을 가져온다는 것이다.

셋째는 노동 없는 부를 들었다. 인간이 아무런 노력도 없이 부를 누린다거나 일을 하지 않는 사람들이 열심히 일하는 사람보다 더 잘 살면 지탄의 대상이 된다. 오늘 우리나라 국회의원들을 보면 몇 개월 째 법안 하나 통과 시키지 아니하고 국회가 모이지 아니해도 세비는 꼬박꼬박 챙긴다. 그러면서도 무노동 무임금을 주장한다. 간디는 노동 없는 부는 망국을 가져온다고 했다.

넷째는 인격 없는 교육이다. 선생은 많아도 스승이 없다는 말은 오늘날 선생님들의 자질을 잘 말해 준다. 진정한 멘토가 없는 오늘의 교육이 자라나는 젊은이들을 멍들게 한다.

다섯째는 인간성 없는 과학이다. 과학의 발달이 인류의 평화를 가져오는 도구이지만 여기에서 인간성이 상실되면 그것보다 더 무서운 것이 어디 있겠는가? 그래서 과학은 인간성과 비례해야 한다.

여섯째는 양심 없는 쾌락을 지적했다. 기쁨과 즐거움은 좋은 것이지만 양심을 상실하고 자기도취에만 빠지면 수신제가치국에 파멸을 가져온다.

일곱째는 희생 없는 신앙과 사랑 없는 종교를 들었다. 성서에는 행함이 없는 믿음은 죽은 것이라고 했다. 그리고 종교에서 사랑을 상실하면 그것은 비 없는 구름이 된다. 오늘 종교인들이 귀담아 들어야 할 대목이다.

기독교 사상가이었던 함석헌씨는 『뜻으로 본 한국역사』에서 세계 민족이 하나님께 가지고 갈 선물이 있다면 무엇이겠는가를 생각했다. 영국은 좋은 헌법을, 미국은 좋은 민주주의를, 프랑스는 좋은 예술품을, 애굽은 웅장한 피라미드를, 중국은 긴 만리장성을 생각했다.

그런데 우리민족은 무엇을 생각할 수 있을까? 이제는 우리도 세계 민족 앞에 내어놓을 만한 자랑거리가 있었으면 한다.

어느 날 천상에서 하나님의 심판이 시작 되었는데 하나님은 물었다.
덴마크 사람에게, "거기 누가 살던 곳인가?" "안데르센"
영국 사람에게, "거기 누가 살던 곳인가?" "섹스피어"
독일 사람에게, "거기 누가 살던 곳인가?" "베토벤"
프랑스 사람에게, "거기 누가 살던 곳인가?" "모파상과 생떽쥐베리"
러시아 사람에게, "거기 누가 살던 곳인가?" "톨스토이, 차이코프스키, 민코프스키"
스페인 사람에게, "거기 누가 살던 곳인가?" "피카소"라고 했다.

지금까지 잘 통과 되었다
일본 사람에게 "거기는 누가 살던 곳인가?" "도요토미 히데요시" 하자, 하나님은 "그놈 침략자 아닌가? 지옥으로."라고 했다.
한국 사람에게 물었다. "거기는 누가 살던 곳인가?" 이때 대답할 적당한 인물이 없자 계속 침묵을 지키고 있었다. 하나님은 "대기발령"이라고 했다.

이 글을 읽으면서 정말 우리 민족이 망하기 전에 마음을 다하여 하나님께 돌아가고, 옷을 찢지 말고 마음을 찢으면서 회개하고 정신을 차리고 살아가는 민족이 되었으면 하는 마음이 간절해진다.

간디의 망국론이 우리의 망국론이 되지 말아야 한다.

기뻐 뛰며 춤을 추네

갈 길을 밝히 보이시니 주 앞에 빨리 나갑시다
우리를 찾는 구주예수 곧 오라 하시네
죄악 벗은 우리 영혼은 기뻐 뛰며 주를 보겠네
하늘에 계신 주 예수를 영원히 섬기리.

이 찬송은 1866년 미국의 G.F. 룻이 어린 아이들을 위해서 작사 작곡한
노래다. 길과 진리요 생명 되신 예수께로 방황하지 말고 돌아오라는 것
이요, 오랜 장마 후에 밝은 태양을 보듯이 절망 속에서 벗어나 새로운
삶을 찾아 어린 아이처럼 기뻐 뛰며 즐거워하라는 생동적인 가사다.

언제인가 목사님들의 모임이 있었는데 1부 예배가 끝이 나고 2부에서는
바이올리니스트 박지혜양의 특별연주가 있었다. 그는 다른 연주자와 달
리 무대로 나오면서부터 콩콩 뛰기도 하고 훨훨 춤도 추고 기뻐 뛰면서
바이올린을 켰다. 그리고는 아무 말도 없이 계속 연주를 하는 것이다.
위에 적은 찬송은 그가 무대에 나오면서 신나게 연주한 가사다. 이 찬
송이 끝이 난 후 다음 찬송을 또 했다.

죄에서 자유를 얻게 함은 보혈의 능력 주의 보혈
시험을 이기고 승리하니 참 놀라운 능력이로다.

주의 보혈 능력 있도다. 주의 피 믿으오
주의 보혈 그 어린양의 매우 귀중한 피로다.

질문과 대답의 형식으로 이루어진 이 찬송은 그리스도의 보혈의 능력
을 강조하며 루이스 애드가 죤스가 결신자 초청용 찬송으로 불렀던 찬
송이다. 이 찬송을 연주한 다음 그는 비로소 마이크를 잡았다.

"여러분! 오늘 제가 여러 목사님들 앞에서 바이올린 연주를 하게 됨
을 하나님께 감사합니다."라고 했다. 그리고 이 영광을 하나님께 돌
린다고 했다.

그는 초등학교를 한국에서 다녔고 중·고·대학은 독일에서 다녔으
며, 대학원은 미국에 가서 했다고 한다. 독일을 비롯한 유럽 여러 나
라에서 연주는 물론 많은 수상을 한 바 있는 그는 한국에 와서도
KBS, CBS, CGN 등에서 연주를 했으며 한국을 빛낸 인물 대상도 받
았다고 했다.

그는 한때 바이올린이 자기의 전부이며 바이올린이 자기의 우상이라
고 생각했다. 그런데 학교에서 많은 연구도 했지만 누구보다 바이올리
니스트인 자기 어머니의 영향을 많이 받은 그는 화려한 무대 진출에도
불구하고 늘 심한 우울증에 시달려 왔다.
그는 좌절 속에서 늘 판도라의 상자를 생각했다고 했다. 곧, 그 상자의
밑바닥에 있는 희망이라는 두 글자다. 그래서 그는 그 희망을 예수에게
걸었다. 그리고 자기가 가지고 있는 바이올린을 하나님과 접목시키기
로 했다. 그는 바이올린의 키를 잡고 「예수는 나의 힘이요 내 생명 되
시니」를 힘차게 찬양한 것이다.

예수는 나의 힘이요 내 생명 되시니
구주예수 떠나가면 죄 중에 빠지리
눈물이 앞을 가리고 내 맘에 근심 쌓일 때
위로하고 힘주실 이 주 예수

미국의 음악가 윌 톰슨이 우리가 그리스도 안에서 그의 은혜의 풍성
함을 따라 그의 피로 말미암아 구속 곧, 죄 사함을 받았다는 말씀에
근거하여 지은 이 찬송은 성도들의 일상 생활가운데서 체험하고 만
나는 찬송이다.

예수님은 멀리 하늘보좌 영광가운데 앉아계신 예수님이 아니고 우리
가운데 계셔서 슬픔을 위로하고 낙심할 때 힘이 되시는 동행의 예수를
찬양한 찬송인데, 그는 이 찬송을 힘차게 불렀다.

박지혜양은 하나님의 홍보대사로 부름을 받았고 또 그는 가는 곳곳마
다 찬양으로 하나님께 영광을 돌리고 있다고 했다. 이제는 미국의 카네
기홀에서도 연주일자가 잡혀있다고 했다.

그는 또 이렇게 찬양한다.
예수 사랑하심을 성경에서 배웠네
우리들은 약하나 예수권세 많도다
날 사랑하심 날 사랑하심
날 사랑하심 성경에 쓰였네

한없는 기쁨과 즐거움을 노래하고 또 기뻐하고 기뻐하면서 사형수가

용서받아 감옥을 나와서 푸른 하늘을 바라보며 '나는 자유인이다.'라고 외치는 것 같이 정말로 좋아하고 좋아하면서 바이올린을 켜는 그는 찬양 하면서 콩콩 뛰고, 콩콩 뛰면서 춤을 추고, 노래하면서 무대 위를 수놓았다.

나를 사랑 하시고 나의 죄를 다 씻어
하늘 문을 여시고 들어가게 하시네
날 사랑하심 날 사랑하심
날 사랑하심 성경에 쓰였네

모든 찬양이 끝이 나고 그가 무대에서 사라졌지만 찬송의 여운이 남아 있고 오랜 침묵이 흘렀다. 연주가 끝이 나도 깊은 생각에 빠진 목사님들은 자리에서 일어설 줄을 몰랐다.

나는 집으로 돌아와서 그가 노래했던 찬양 하나하나를 생각하면서 하나님의 은혜에 푹 빠져본다. 그리고 오늘을 있게 해주신 하나님께 감사했다.

이야기 6題

1) 희망의 무지개

창세기 9장에는 옛날 노아시대에 처절한 대홍수의 사태가 기록되어 있다. 이 홍수 후에 하나님은 하나님과 인간 사이에 이제는 홍수가 없다는 언약의 증거로 하늘에 무지개를 보여 주었다.

이 무지개는 하늘의 뜨거운 태양빛과 공중의 찬물이 하나 되어 이루어진 참으로 신기한 형체인데, 활모양이요 또 불빛이 없이는 존재하지 않은 참 묘한 현상이다.

정말 이 무지개는 물과 햇빛이 잘 어울린 존재이다. 문제는 우리가 신앙을 가지고 이 무지개를 볼 때는 희망과 축복의 상징이지만 신앙이 없이 이 무지개를 볼 때는 징계의 상징이 되는 것이다. 왜냐하면 활과 불은 처참한 전쟁과 불 심판을 예고하기도 하기 때문이다.

유대나라 랍비들 가운데 전해지는 이야기이다. 광야를 지나가는 두 나그네가 있었는데, 하나는 욕심쟁이이고 하나는 심술쟁이였다. 이들에게 하늘의 천사가 나타나서 같이 가자며 동행했다. 가다가 천사는 입을 열었다.

"여러분, 나는 이제 잠시 후면 여러분과 헤어져야 하는데 헤어지기 전
당신들의 소원이 있으면 나에게 말하시오. 내가 들어 주겠소. 단, 먼저
이야기하는 사람은 그 소원을 들어주고, 두 번째 이야기 하는 사람에게
는 두 배를 주겠소."

이 천사의 말에 욕심쟁이와 심술쟁이는 자기가 두 배의 축복을 받기 위
해서 상대로 하여금 먼저 천사에게 소원을 빌라고 했다.

이들이 계속 침묵을 지키자 천사는 또 말을 했다. "이제 나는 하늘로 올
라가야 하는데 빨리 이야기 하시오." 하자, 심술쟁이가 화가 나서 "천
사여! 나에게 애꾸눈이 되게 하소서." 하자 상대편 욕심쟁이는 자동적
으로 완전 장님이 되었다는 것이다.

그 많은 축복가운데 왜 하필 애꾸눈인가? 인간은 정말 남 잘되는 것 못
보는 고약한 생각을 한다. 이래서 이들은 모처럼 자기들에게 찾아온 축
복의 기회를 저주의 기회로 삼고 말았다.

성서에 기록된 하늘의 무지개는 우리의 희망이다. 우리는 너 나 할 것
없이 저 희망의 무지개를 우리의 축복 기회로 삼아야 한다.

2) 성자가 되는 길

누가복음 9장에는 예수님께서 제자들에게 복음을 전하고 병을 고치라
고 했다. 이 명령에 살다가 죽어간 예수님의 제자들을 우리는 모두 성
자로 칭한다.

그런데 성자는 어떻게 탄생되어지는가?
옛날 젊은 두 청년이 구도자의 자세로 깊은 산속에 들어가 도를 닦고 성자가 되기로 결심을 했다. 이들은 가다가 해가 지자 작은 마을에 들어가 머물기로 했다.

그런데 그들이 머문 그 마을에 유행병이 번져서 많은 사람들이 고통을 받고 있었다. 이때 한 사람은 그곳에 머물면서 유행병 퇴치에 노력했고, 한 사람은 성자의 길을 계속 간다며 혼자 자기 갈 길을 갔다.

그로부터 40년이란 긴 세월이 지났다. 그런데 어느 날 하루 그 마을의 한 사람이 산에 올랐는데 산에서 도를 닦고 있는 한 사람을 만났다. 그는 그 구도자에게 우리 동리에는 성자가 한 사람 있다고 했다.

이 말을 들은 구도자는 성자라고 하는 사람이 누구인가 한번 만나 보기 위해서 산을 내려왔다. 그런데 그가 성자라 칭하는 사람을 만나고 보니 40년 전에 자기와 같이 도를 닦고 성자가 되어 보자던 헤어진 자기의 친구였다. 그곳에서 그 친구는 많은 사람으로부터 성자의 칭호를 받고 있었다.

성자란 산속에 들어가 명상하고 묵상하고 고행을 하는 데서 탄생되는 것이 아니고 우리의 현실 속에서 고통과 아픔을 같이 나누는 자이다. 테레사 수녀도 여기에 속한다.

테레사 수녀는 성자가 되기 위해서 산속에 들어가 도를 닦은 사람이 아니다. 그는 인도에서 고통당해 아파하는 많은 사람들과 같이 늘 함께 있었다는 그것 때문에 성자의 칭호를 받은 것이다.

3) 삼박자 신앙

바울은 데살로니가 전서 1장 1~4절에서 데살로니가 성도들에게 하나님께서 그들을 택한 3대 증거를 제시했다.

제일은 믿음의 역사(Active Faith)로써 행동하는 신앙을 강조했다.

제이는 사랑의 수고(Labour Love)로써 일하는 사랑을 강조했다.

제삼은 소망의 인내(Enduring Hope)로써 부활의 소망을 강조했다.

성부와 성자와 성령, 이 삼위일체가 하나님이라면, 믿음과 소망과 사랑은 신앙의 삼위일체가 된다.

4) 거짓말 하는 약

옛날 제우스신은 인간들의 삶이 너무 고지식하고 딱딱하니까 헤르메스신에게 거짓말 하는 약을 인간에게 조금씩 나눠 주라고 했다. 헤르메스신이 그 약을 인간에게 나눠 주다보니 약은 많이 남았는데 받을 사람이 얼마 남지 아니하자 제우스신에게 물었다.

"제우스신이여 거짓말하는 약을 사람들에게 나눠 주다보니 남은 사람에 비해 약이 너무 많이 남았습니다." 이 말에 제우스신은 남은 사람들에게 남은 약을 다 퍼부어 주라고 했다. 이때 그 약을 많이 받은 사람들이 오늘날 정치인이 되었다는 것이다. 그래서 오늘날 정치인들이 제일 많이 거짓말을 한다는 것이다.

시인 페니슨은 「할머니」란 시에서 진실을 절반 섞은 거짓말이 제일 악질이라고 했다. 오늘날 정치인들은 양심에 선서를 하고서도 거짓말을 곧잘 한다. 상인들은 거짓말이 밑천이라고 하는데 정치인들의 거짓말은 악질이다.

5) 하나님을 향한 질문들

미국대통령 닉슨이 하나님께 물었다. "하나님, 우리 미국사람들이 모두 록펠러와 같이 부자가 되자면 몇 년이나 걸리겠습니까?" 하나님은 "50년"이라고 했다.

프랑스대통령 퐁피두가 하나님께 물었다. "하나님, 우리 프랑스 사람이 모두 미국인처럼 잘 살려면 몇 년이나 걸리겠습니까?" 하나님은 "30년"이라고 했다.

소련수상 코쉬킨이 하나님께 물었다. "하나님, 우리 소련사람이 사람이 되자면 얼마나 걸리겠습니까?" 이 질문에 하나님은 대성통곡하고 울었다.

코쉬킨이 다시 물었다. "하나님, 말씀은 아니 하시고 왜 울고만 계십니까?" 하나님은 대답했다. "코쉬킨아, 코쉬킨아, 소련사람이 사람이 되기까지는 전능의 이 하나님도 그때까지는 살 수가 없노라."

6) 죄 없다 하는 사람 감옥에

옛날 조선시대에 도적이 너무 많아 도적 한 사람을 공개 처형을 하기로 했다. 광화문 앞에 많은 사람을 불러 모으고 도적을 교수대에 달았는데, 이 때 그것을 구경하는 현장에서 남의 호주머니에서 돈을 훔치는 놈이 있었다. 정말 할 말이 없다.

옛날 나폴레옹이 감옥을 방문했다. 한 죄수를 보고 "너는 무슨 죄를 짓고 이곳에 왔는가?"라고 물었다. 그러자 그 죄수는 아무 죄가 없다고 했다. 또 다른 죄수에게 "너는 무슨 죄를 범했는가?"라고 물었다. 그도 역시 아무런 죄가 없다고 했다.

나폴레옹은 다음 사람에게 또 물었다. "너는 무슨 죄를 지었느냐?" 하자 역시 그도 죄가 없다고 했다. 그러면 "왜 여기 왔느냐?"고 물었다. 그는 남의 소 마구간에서 새끼 한 토막을 가지고 왔다고 했다.

나폴레옹은 형무소장을 불러 그 사연을 알아보았다. 형무소장은 그가 소도둑이라고 했다. 그 죄수는 말했다. "고삐를 하나 쥐고 왔는데 소가 따라왔습니다."

나폴레옹은 또 다른 죄수에게 물었다. "너도 역시 죄가 없겠지?" 이 말에 그 죄수는 "아니요, 저는 죄인입니다."라고 했다.

나폴레옹은 이 말을 듣고 말했다. "나는 감옥에 죄가 있는 사람이 있는 줄 알고 찾아왔는데 와서 물어보니 모두가 죄가 없다고 한다. 너는 죄가 있다고 하니 죄 없다고 하는 사람과 같이 여기 있지 말고 나와 같이 세상으로 나가자." 그래서 그 죄인은 나폴레옹과 같이 감옥에서 나왔다는 것이다.

삶의 모범

성서는 믿는 자에게 거듭난 생활과 택한 백성, 그리고 봉사의 기쁨과 기도의 능력을 강조한다. 뿐만 아니라 예배 참여의 기쁨과 하나님을 찬양하고 날마다 천국을 사모하며 하나님 계심을 증거 하는 삶을 강조하고 있다.

오래전 우리나라 대통령과 장관들이 태국을 방문 했을 때 아웅산 테러에서 많은 인사들이 죽었다.

국군묘지에서 이들의 장례식이 있을 때 한 장관의 장례식에서 고등학교에 다니는 그의 딸이 울고 있었다. 기자가 딸에게 아버지에 대한 소감을 묻자 이런 말을 했다. "나에게 18년 동안 좋은 아버지를 주신 하나님께 감사합니다."

기독교 가정의 아버지와 어머니는 과연 어떤 사람이 되어야 할까? 시카고 대학의 화학과 교수가 자기친구 아들에게 점심을 사주면서 물었다. "너는 어떠한 사람이 되기를 원하는가?" 이 질문에 그는 "우리 아버지와 같은 사람이 되기를 원합니다."라고 말했다.

그러자 교수님은 "너도 아버지와 같이 화학과 교수가 되기를 원하는가?" 하자, 그는 "아니요, 나는 크리스천이었던 우리 아버지와 같이 나도 크리스천이 되고 싶습니다."라고 말했다.

그런데 하버드대학교 정신과 교수인 니콜라이Armand M. Nicholi 박사는 그 아버지는 어떤 사람이었을까? 하고 연구하면서 부모들은 자기 자신을 향해서 다음과 같은 10가지 질문을 해 보라고 했다.

나는 자녀들 앞에서 말과 행동에 좋은 본을 보여주고 있다.
나는 매일 30분 이상 자녀들과 대화를 하거나 같이 놀아준다.
나는 자녀들에게 물질보다 정신적 가치가 중요하다고 말한다.
나는 가정에서 안정된 분위기 조성을 위하여 노력한다.
나는 자녀들 앞에서 '예'와 '아니요'를 정확히 말해준다.
나는 자녀들의 협동생활에 참여를 권장한다.
나는 집안일을 분담시켜 책임 있는 가족이 되게 한다.
나는 자녀들의 취미와 그 친구들을 잘 알고 있다.
나는 자녀들의 신임을 받고 산다.
나는 자녀들의 문제에 대하여 같이 의논을 한다.

이 10가지 질문에
80점 이상이면 훌륭한 사람,
70점 이상이면 보통인 사람,
60점 이상이면 반성할 사람,
50점 정도이면 회개할 사람이라고 했다.

고린도전서 11장 1절에서 바울은 너희는 나를 본받으라고 했다. 이 성구를 읽을 때마다 바울의 담대함을 볼 수 있다. 우리도 우리 자녀들을 향해서 너희는 나를 본받으라고 할 수 있는 좋은 크리스천 부모가 되었으면 한다.

바람. 바람. 바람

가수 김범룡은 '바람'을 노래했다. 바람. 바람. 바람. 왔다가 사라지는 바람. 바람. 바람. 바람. 날 울려 놓고 가는 바람.

바람이란 기압의 변화로 말미암아 일어나는 대기의 현상이다. 우리 사회에서는 이 바람을 부정적인 의미로 많이 사용해왔다. 바람둥이/ 바람잡이/ 바람기/ 바람막이/ 바람맞이/ 바람났네/ 바람을 피웠다/ 처녀 바람났다가 그것이다.

그러나 생각해 보면 인간이 바람을 맞으면 변화가 일어난다. 왜냐하면 바람은 숨이요 생기요 생명이며 호흡이기 때문이다.

창세기 2장에는 하나님이 흙으로 사람을 지으시고 코에 생기를 불어넣으시니 사람이 생령이 되었다고 했다. 여기 생기가 바람이다. 사람의 숨통을 끊어놓으면 누가 살겠는가.

구약성서에 나타난 에스겔 선지자는 골짜기에 뼈들이 가득한 것을 보고 있을 때 여호와께서 생기를 불어넣으라고 할 때 그가 살리라고 외치자 뼈들이 다시 살아 큰 군대가 되었다고 했다. 여기 생기란 성령이요 생명이며 숨이다.

그리고 바람은 껍데기, 쭉정이, 가식을 날리는 힘이다. 그래서 우리 인간도 육체적 위선을 날려 보내고 우리 인간의 본 모습에 생기를 불어 넣어야 한다.

요한복음 20장 22절에는 예수께서 제자들을 향해서 숨을 내시며 가라사대 성령을 받으라고 했다. 이 숨이 바람이요 성령이요 생명이며 능력이다.

바람. 바람. 바람. 어디서 왔다가 어디로 가는지 모르는 바람. 이 바람 어디서 와서 어디로 가는지 알 길이 없지만 바람은 있다.

요한복음 3장에는 바리새파인이요 유대의 관원인 니고데모의 이야기가 있다. 그는 거듭남의 진리를 몰라 인간이 늙으면 어떻게 다시 나느냐고 묻자 예수님은 성령으로 거듭나라고 했다.

거듭나게 하는 바람. 인간은 이 바람소리를 들어도 어디서 오며 어디로 가는지를 알 길이 없다. 신기한 바람. 바람. 바람. 눈 속으로부터 흘러오는 봄과 함께 부는 바람. 이 바람에 옛것을 날려 보내고 새것을 맞아 드려야 한다.

로마서 8장에는 바울이 성도를 향해서 너희 속에 그리스도의 영(바람)이 없으면 그리스도인이 아니라고 했다. 우리가 살고 싶으면 숨을 쉬자.

바람. 바람. 바람. 마른 뼈가 살아나는 바람. 죽어도 살아나는 기적의 바람. 숨구멍을 드나드는 생명의 바람. 바람난 처녀처럼 생기 있는 바람.

다가오는 부활절과 함께 불어오는 바람, 성령의 봄바람이 불어오면 믿음의 새싹이 움터오고 메마른 영혼이 소생하며 마음의 기쁨이 넘쳐난다.

바람. 바람. 바람. 왔다가 사라지는 바람. 바람. 바람. 바람. 왔다가 사라지는 바람.
바람을 마셨으면 한다.

돼지 3題

베드로후서 2장 22절에는 참된 속담에 이르기를 개가 그 토하였던 것에 돌아가고 돼지가 씻었다가 더러운 구덩이에 도로 누웠다 하는 말이 그들에게 응하였도다라고 했다.

마태복음 7장 6절에는 거룩한 것을 개에게 주지 말며 너희 진주를 돼지 앞에 던지지 말라 그들이 그것을 발로 밟고 돌이켜 너희를 찢어 상하게 할까 염려하라고 했다.

여기에 나타난 돼지는 모두 나쁘게 표현되어 있다. 개는 먹어서 토하고 돼지는 씻어도 또 더러운 구덩이에 눕는다. 그래서 유대인들이 싫어한다.

돼지를 소재로 한 교육담을 생각해본다.

1) 우리가 돼지인 줄 아나

오래전 가나안 농군학교에서는 군기피자, 성추행, 폭력, 불복종 등 군범죄 장병들을 입교시켜 교육하는 일이 있었다.

가나안 농군학교 교장님이신 김용기 장로님은 저녁식사 후에 간식으로 사과를 병사들에게 나눠 주었는데, 그는 늘 썩어 먹지 못하는 사과를 항상 사과상자에 몇 개씩 더 넣었다.

장병들이 후식으로 상자의 사과를 하나씩 하나씩 쥘 때마다 모두는 크고 싱싱하고 빛깔 좋은 사과만을 골랐다. 그러다보니 결국 마지막에 남아 있는 것은 썩은 사과뿐이다.

김용기 장로님은 병사들에게 말했다. 먹고 싶은 사람은 하나씩 더 먹으라면서 썩은 사과를 병사들에게 계속 내밀어 봤다. 그러나 썩은 사과를 받아먹는 병사는 아무도 없었다. 장로님은 계속 바구니를 내밀면서 썩은 사과를 하나씩 더 먹어보라고 해봤다.

이때 병사들은 말했다. "아, 우리가 돼지인 줄 아나." 이때 교장선생님은 교육을 했다. "여기에 이 썩은 사과를 먹기 원하는 사람이 한 사람도 없듯이, 우리 사회는 썩은 인간을 받아주지 않는다. 앞으로 썩은 인간이 되지 말고 싱싱하고 맛나고 빛 좋은 사과처럼 좋은 사람이 되라."

2) 우리 집 돼지랍니다.

미국의 한 청교도 농부가 무신론자라고 자처하는 이웃집 지식인을 식사에 초대했다. 식사를 하기 전에 농부는 "기도합시다." 하자 무신론자인 이웃 사람은 웃으면서 "18세기 사람들의 낡은 유물인데 기도는 뭘……." 했다.

농부는 혼자 기도를 하고나서 말했다. "우리 집에도 당신 같은 식구가 하나 있습니다."

무신론자가 "나와 같은 사람이 있다니 정말 다행이군요. 그가 누구세요? 당신 아들입니까?" 하자, 농부는 말했다. "아닙니다. 우리 집 돼지랍니다."

3) 돼지 눈에는 돼지밖에

태조 이성계는 무악대사를 보고 말한다. "이 돼지 같은 놈아!"
무악대사는 말한다. "아, 부처 같은 임금님."
이성계는 의아하게 생각하고 말을 한다.
"나는 너를 돼지라 했거늘 너는 나를 보고 부처님이라고?"
이 말에 무악대사는 말한다.
"임금님, 돼지 눈에는 돼지밖에 안 보이고 부처님 눈에는 부처님 밖에 안 보이지요."

6·25가 지나간 후 가난하고 고달픈 시절 우리는 서울에서 꿀꿀이죽을 사먹을 때가 있었다. 그 땐 비록 꿀꿀이죽을 먹으면서도 기도할 때마다 '주여! 주여!' 하면서 간절한 기도도 잘 했다.

그런데 오늘날엔 통닭이며, L.A갈비며, 샤브샤브를 사먹으면서 이젠 좀 살만 하니까 마음에서 하나님을 버리고 입에서 기도가 사라졌다.

오늘 현대인들은 물질의 풍요 속에서 돼지같이 먹고 살면서도 감사가 없어 안타깝다. 사람으로 태어나 소, 개, 돼지, 곰……하며 짐승의 소리를 듣지 말았으면 한다.

그리고 사람들이 남의 욕을 할 때마다 돼지, 돼지 하는데 진짜 돼지는 자기 배를 80%만 채운다는 말이 있다. 위를 100% 채우는 동물은 사람밖에 없다.

개만도 못한 사람이 있는가 하면 돼지보다 못한 사람도 있다. 아마도 개나 돼지가 우리에게 부정적인 인상을 주는 이유는 성서에 기록된 대로 개는 토한 것을 다시 먹고 돼지는 씻겨 주어도 다시 진창에 뒹구는 속성 때문인 것 같다.

우리 모두 교만하지 말고 생명이 살아있는 한 한 조각의 빵과 한 잔의 커피를 앞에 두고서도 하나님께 드리는 간절한 감사의 기도, 제발 잊지 말았으면 한다.

난지도

서울시 마포구 상암동에는 난지도가 있다. 1970년도 이후 산업화가 시작되면서 소비가 미덕이라는 말과 함께 마구 쏟아져 나오는 서울시의 쓰레기를 해결할 길이 없자 서울시 관계자는 이곳 난지도에다 모든 쓰레기를 버리기로 결정을 했다.

그래서 난지도는 버려진 땅이 되고 말았다. 고약한 냄새와 함께 이곳저곳에서 흘러내리는 침출수는 바로 독약이나 마찬가지였다. 그래서 많은 사람들은 이곳을 떠나게 되고 또 인간답지 못한 사람을 가리켜 우리는 더러운 "난지도와 같은 인간"이라고 했다.

서울시가 이곳에 쓰레기를 버리자 난지도는 높은 산으로 변하고 말았는데, 2002년 세계 월드컵 경기를 한국에서 유치하는데 성공하자 국가는 이곳 상암동에 축구 경기장을 짓기로 하고 난지도를 공원화하는데 노력한 것이다.

이제 오늘에 와서는 난지도는 변화를 가져왔다. 난지도에서 뿜어져 나오는 메탄가스를 정제하여 주민들에게 가스가 공급되고 공원 위에 세워진 풍차에서는 전력을 생산하여 경기장을 비롯한 공공시설의 전기를 공급하고 있다.

공원의 울창한 숲은 맑은 산소를 공급한다. 그리고 숲속에는 각종 새들과 토끼, 고라니 등 짐승들이 살고 있으며 주변에 심어진 울창한 아카시아 나무는 여름이면 향기를 토하고 여기저기에 놓아둔 수많은 벌통에서는 꿀벌이 나오는 것이다.

축구경기장 앞에 조성된 호수에서는 1급수가 흐르고 휴일이면 많은 아이들이 물놀이를 한다. 결론은 인간은 난지도를 향하여 똥을 쌌으나 난지도는 우리에게 단꿀을 내어 준다는 사실이다.

지금 예수를 믿는 여러분은 교회가 어떠한 곳이라고 한번 생각해 본 적이 있는가? 마태복음 11장 28절에는 수고하고 무거운 짐 진 자들아 다 내게로 오라 내가 너희를 쉬게 하리라 라고 했다.

이 말씀에 의하면 인간은 모두 교회에 나가서 무거운 죄의 짐을 풀었다. 사람마다 불신, 불효, 간음, 살인, 훔침, 거짓말, 탐심의 짐들을 교회에 풀다보니 하나님의 교회는 더러운 죄의 짐으로 가득 찼다. 마치 저 난지도같이.

그러나 하나님은 그 모든 죄악을 소멸하시고 변화시켜서 교회에서는 영생수를 흐르게 하시고 목마른 자들로 하여금 영생수를 마시게 한다. 저 난지도같이.

이제 여러분에게 주고 싶은 이야기가 있다. 예수를 믿는 여러분에게 환난과 핍박, 곤고와 박해, 기근과 적신 그리고 칼이 있어서 괴로우면 그 복수의 마음에서 벗어나 모두를 예수 안에서 수용해 보면 여러분의 마음에서는 강 같은 평화가 넘칠 것이고, 바다와 같은 마음이 될 줄로 믿는다.

우리는 난지도에 쓰레기를 버렸으나 난지도는 우리에게 단꿀을 내어주었다.

파랑새

오늘도 변함없이 전능하신 하나님의 축복이 충만하고 여호와께서 그 얼굴을 드사 우리에게 평강 주시기를 원하면서 여러분과 함께 나누고 싶은 이야기가 있다. 이 꿈같은 이야기가 우리의 생산적인 삶으로 이어지고 현실로 나타났으면 하는 마음이 간절하다.

옛날 옛적에 한 里老가 있었다. 그는 어느 날 하루, 시집간 세 딸을 불러 모았다. 아버지 앞에 앉은 세 딸을 향해서 아버지는 이런 말을 했다.

"얘들아, 너희들도 알다시피 나는 아들이 없다. 이제 몇 년 후면 내가 회갑 잔치를 해야 하겠는데, 너희는 어떻게 생각하느냐?"

이 질문에 딸들이 아무 대답이 없자, 아버지는 세 딸에게 손을 내밀라고 했다. 그리고는 준비한 쌀알 한 톨씩을 나누어주었다. 이것으로 무엇을 하라는 것일까 하고 세 딸은 어안이 벙벙하여 아버지의 얼굴을 쳐다봤다.

아버지는 말씀하셨다. "너희들은 이 쌀알을 가지고 가서 몇 년 후에 다가오는 내 회갑잔치를 준비하라." 이 말을 들은 세 딸은 말없이 자리에서 일어섰다.

문을 열고 나오면서 비교적 부유하게 산다는 첫째 딸은 "이런 쌀알은 우리 집에도 많이 있는데 뭘." 하면서 쌀을 공중으로 휙 내던졌다. 그리고는 화난 모습으로 곧장 자기 집으로 돌아갔다.

둘째 딸은 고개를 갸우뚱하면서 쌀을 입에 넣었다. 그리고 꼭꼭 씹었는데 부서져 입안에서 사라졌다. 쌀알 하나가 어디 목구멍에 넘어 갈 것이 있겠는가?

가난하게 산다는 셋째 딸은 쌀을 종이에 싸서 집으로 돌아왔다. 그리고 그는 시간이 있을 때마다 자기 방문 앞뜰에 앉아 쌀을 내어놓고 '아버지가 왜 이 쌀을 나에게 주었을까' 하며 깊은 근심과 걱정에 빠졌다.

그리고 그는 깊이 생각하고 또 생각한 것이다. 그런데 지성이면 감천이요 하늘이 무너져도 솟아날 구멍이 있다는 옛 속담처럼 어느 날 하루 이상한 일이 벌어졌다.

그가 쌀 한 톨을 앞에 놓고 로댕의 「생각하는 사람」처럼 깊이 생각하고 있는데, 난데없이 파랑새 한 마리가 날아왔다. 그리고 그 쌀을 쪼아 먹는 것이 아닌가? '야단났다. 이 놈이 이 쌀을 먹네.' 하며 그는 재빨리 그 파랑새를 잡았다.

오색찬란한 파랑새 한 마리를 잡자, 때마침 이웃에 사는 부잣집 할아버지의 손자가 놀러온 것이다. 그 어린이가 이 파랑새를 보자 그는 곧 자기 집으로 뛰어갔다. 그리고 자기 어머니의 손을 붙잡고 "엄마, 나에게도 파랑새를 잡아줘." 하며 성화를 댔다.

그런데 어디 파랑새를 아무나 잡는가? 견디다 못한 어머니는 바구니에 달걀 열 개를 담아 가지고 파랑새를 잡았다는 이웃 아주머니에게로 온 것이다.

그리고는 사정사정하여 가져온 달걀 열 개를 주고 파랑새와 교환했다. 달걀을 받아든 셋째 딸은 부화를 시작하는 이웃집 닭에다 달걀을 품도록 부탁했다.

때가 되자 요행히도 열 개의 달걀이 모두 잘 부화한 것이다. 그리고 그 병아리를 잘 길러서 팔아 돼지 새끼를 샀는데, 그 돼지도 잘 자라서 또 많은 새끼를 낳았다.

그 여인은 부지런히 또 부지런히 그 많은 돼지 새끼를 잘 길렀다. 그리고 어느 장날 그 여인은 자라난 돼지를 모두 팔아 큰 누렁이 황소 한 마리를 샀다.

세월이 흘러 아버지 회갑 때가 되자, 제일 가난하게 산다는 이 셋째 딸이 시장에서 산 누렁이 황소의 등에 올라탔다. 그리고 '이랴!' 하며 아버지의 집을 향했다. 그는 마음속으로 이렇게 노래를 부른다.

"내가 탄 이 황소가 친정집을 달린다.
부모위해 달려가는 이 힘찬 발걸음
거친 들판 고갯길도 헤치며 간다.

산 너머 꽃동네 우리부모 계신 곳

저 멀리서 벌써부터 풍류소리 들려온다.
에덴의 동산처럼 복되어라. 우리가정"

그가 이런 마음의 노래를 부르면서 친정집을 가는데 아버지는 벌써 알고 대문을 열었다. 그리고 황소 등에서 내려온 사랑하는 딸을 부둥켜안고 아버지는 이렇게 말을 한다.

"장하다 내 딸이여, 장하다 내 딸이여, 착하고 충성된 딸이로다." 이렇게 말한 후 아버지는 가슴에서 봉투 하나를 꺼내 딸에게 내밀었다. "이것이 무엇입니까?"라고 묻는 딸의 질문에 아버지는 "집문서, 땅문서야. 네가 내 상속을 받아라."

요한 계시록에는 어린양 예수의 혼인 잔치가 기록되어 있다. 공중 천사장의 나팔소리가 울려 퍼지는 가운데 펼쳐지는 그리스도의 혼인 잔치에는 우리 모두가 초대 되었다.

누구든지 목마른 자는 다 내게로 오라 했고, 원하는 자는 누구나 다 와서 값없이 영생수를 마시라고 했다.

그러나 한번 생각해보라. 잔칫집에 초대된 우리가 어찌 빈 깡통을 차고 갈 수 있겠는가? 그렇다고 그리스도는 우리에게 값진 옥합의 향수나 진기 있는 떡 그리고 고가의 선물을 원하는 것도 아니다. 바로 신앙의 진수 성령의 열매를 원하시는 것이다.

사랑과 희락과 화평, 인내, 자비, 양선 그리고 충성, 온유, 절제가 그것이다.

이 열매를 가지고 잔치에 참예 하는 자에게 주께서 부둥켜안고 착하고 충성된 종이라 칭하며 생명의 면류관을 주실 것이다.

하나님은 매년 365일이라는 일 년을 우리 모두의 마음의 통장에 넣어 주었다. 시간은 돈이라고 했는데 의미 없이 이 시간을 휭 내던져도 안 되고, 쓸 때 없이 입에 물고 우물우물하며 삼켜서도 안 되고, 하루하루의 세월을 그냥 허비해서도 안 된다.

성서는 세월을 아끼라고 했고 또 세월은 화살처럼 빠르다고 했다. 그래서 우리는 시간을 선용하고 노력하며 애쓰는 가운데 생산적인 삶을 살아야 하고 위대한 신앙의 열매를 거두는 해로 살아가야 한다.

그리고 그 부잣집 손자가 가져간 그 오색찬란한 파랑새가 그 후 어떻게 되었는지가 궁금해서 그 부잣집 노인 할아버지를 만나 물어 보았더니 자기 손자가 가져놀다 잠시 손을 놓자 그 파랑새는 또다시 저 높고 푸르른 창공으로 멀리 멀리 날아갔다고 했다.

하지만 그 파랑새는 오늘도 생각하며 살아가는 그 누구에게 또다시 찾아오리라고 확신한다.

지금이 영원을 이룬다

수학에 점點이라는 부호가 있다. 이 점은 가장 단순한 도형으로써 위치만 있고 크기가 없는 것이라고 정의한다. 점은 길이나 넓이가 없는 것이다. 그런데 없다는 점을 연결하면 선이 된다.

선線은 길이만 있고 넓이는 없는 것이라고 정의한다. 그런데 선에 선을 더하면 넓이가 된다. 그러므로 선은 점의 연결이고 넓이는 선의 더함이다. 결국 길이도 없고 넓이도 없고 위치만 있다는 점들이 모이면 이 넓고 넓은 광대무변을 이루는 것이다.

수학에 있어서 없다는 표시가 0이다. 이 0에서 0을 더하면 0이라고 한다. 그런데 길이도 없고(0) 넓이도 없다(0)는 점 0이 넓이를 이룬다. 가장 과학적이고 조직적이고 합리적이라고 하는 수학이 가장 큰 모순을 가지고 있다. 이것을 우리는 모순의 진리라고 한다.

인간은 영원을 사모하는 심성을 가지고 있다. 그런데 0에 가까운 시간 속에 사는 인간이 어떻게 영원을 소유할 수가 있을까? 그렇다면 우리는 잠의 연속이 죽음이요 하루의 연속이 영원임을 깨달아야 한다.

베드로후서 3장 8절에 "사랑하는 자들아 주께서는 하루가 천년 같고 천년이 하루 같은 이 한 가지를 잊지 말라."고 했다. 이 말도 하루가 모이면 천년이 되고 천년이 모이면 긴 역사가 되며 긴 역사가 모이면 영원을 이룬다는 것이다.

예수님이 가르쳐주신 주기도문에서 주님은 "오늘 우리에게 일용할 양식을 달라"고 기도하라 했다. 이 말은 영원한 양식도 매일매일 먹어야 한다는 말이다. 한날 괴로움이 그날에 족하듯이 한날의 기쁨도 그날에 족하기 때문이다.

구약에서 출애굽 당시 하나님은 광야에서 이스라엘 백성들에게 만나와 메추라기의 수확을 매일매일 주었다. 그러나 창고에 쌓아 두는 것을 허락하지 아니했다. 만약 갑절을 거두면 벌레가 먹었다.

우리가 영원을 사모한다면 하루하루 곧, 오늘(Today)이 중요하다. 그래서 일본의 한 신학자는 점이 모여 선이 되고 선이 모여 넓이가 되듯이 자기 책상 앞에다 "오늘"이라고 써 붙이고 살았다. 오늘이 영원을 이루기 때문이다.

구원도 오늘 나의 믿음과 행실 속에서 이루어지는 것이지 어제의 선행과 악, 내일의 희망과 좌절과는 아무런 관계가 없다. 이것은 십자가상에 달린 구원받은 강도의 사실에서도 잘 알 수가 있다.

누가복음 23장 43절에 십자가에 달려 죽어가며 회심하는 강도를 향해서 예수님은 '오늘 네가 나와 함께 낙원에 있으리라'고 했다.

누가복음 19장 9절에는 세리장 삭개오를 보고 '오늘 구원이 이 집에 이르렀다'고 했으며 바울은 고린도 교회에 보내는 편지에서 '보라 지금은 은혜 받을 만한 때요 보라 지금은 구원의 날'이라고 했다.

우리가 시간 속에서 영원을 사모한다면 시간을 사용할 수 없는 과거나 미래가 중요한 것이 아니고 지금을 살고 있는 오늘이라는 하루하루가 중요하다는 사실을 마음 깊이 새겨야 한다. 왜냐하면 하루가 역사를 이루고 역사가 영원을 이루기 때문이다.

지금이 영원을 이룬다.

성자의 호칭

나 같은 죄인 살리신 주 은혜 놀라워
잃었던 생명 찾았고 광명을 얻었네.

이 찬송은 1779년 죤 뉴톤의 작이다. 그의 묘비에는 그의 생애가 이렇게 요약되어있다. "한때 이교도였고 탕자였고 아프리카 노예상이었던 그가 주 예수를 믿고 변화되어 성직자가 되었으며 젊은 시절 자기가 부인했던 그 믿음을 전파했다. 버킹검에서 16년을, 옴니교회에서 27년을 봉사했다."

에베소서 2장 8절에는 우리가 믿음으로 말미암아 구원을 얻었나니 너희에게서 난 것이 아니요 하나님의 선물이라 했는데, 오늘 우리가 이 찬송을 부를 때마다 나 같은 죄인을 전능의 하나님이 왜 사랑하는지 정말 알 길이 없다.

미국에서 두 형제가 살았는데, 이 형제들이 너무나 악질이어서 주민들은 그들이 빨리 죽기를 원했다. 그러던 어느 날 두 형제 중 형이 세상을 떠났다. 주민들은 그의 죽음을 슬퍼하기보다는 참 잘 죽었다고 했다.

그런데 미국사회에서는 목사님이 인생 생로병사生老病死에 늘 같이해왔기에, 여기 죽은 자의 장례주례도 목사가 해야 하는데 워낙 죽은 자가 악질적이어서 주례할 목사가 없었다. 그래서 동생은 신문에 장례주례 목사님을 구한다는 광고를 냈다.

장례주례 목사 구함
사례비: 1만 불
조건: 설교를 할 때 죽은 자기 형을 향해서 꼭 성자라고 칭해줄 것

이 광고를 보고 과연 어느 목사님이 주례목사로 나타날까 생각했는데 시골에 사는 한 젊은 목사님이 장례주례에 나선 것이다. 장례일이 되자 많은 주민들이 장례식장에 모였다.

이들은 죽은 자에 대한 슬픔이 아니고 장례주례 목사님이 설교를 하면서 저 악질 같은 인간에게 어떻게 성자라고 칭하나 보자하고 모두모두 모여서 수군거리며 지켜보고 있었다.

목사님은 성경을 읽고 설교를 했다. "여러분! 우리 모두는 하나님 앞에서 죄인입니다." 그리고 "저기 살아있는 악질 같은 동생에 비하면 여기 죽은 이 형은 그래도 성자입니다."

물론 이런 양비론은 있을 수 없는 이야기이지만 가만히 생각해보면 오늘 우리도 하나님 앞과 사람 앞에서 내놓을 만한 아무런 선덕이 없는데도 우리가 죄인 되었을 때 하나님이 우리를 사랑하사 독자 예수그리스도의 구속의 은혜로 우리가 성도가 되었다.

그래서 바울은 그리스도의 십자가의 도가 멸망하는 자들에게는 미련한 것이요 구원을 받는 우리에게는 하나님의 능력이라고 했다.

생각해 보면 큰 죄악에서 우리를 건지신 주님의 은혜가 고맙고, 이제껏 우리가 산 것도 하나님의 능력이라 여겨진다. 이 주님의 은혜에 감사하는 생활이 되어야 한다.

새내기의 신앙 간증

대학교회에서 세례식이 있었다. 강원도 산골에 사는 한 학생이 미션 스쿨에 와서 성서를 배우고 채플에 참여하여 설교를 듣던 그는 세례를 받기로 결심했다. 세례를 받은 그는 이 대학에 와서 세상에서 가장 값비싼 선물을 받았다고 하면서 자기 간증을 하는 것이다.

그가 말한 선물은 다름 아닌 믿음으로 얻는 구원이라는 것이다. 그리고 하나님의 은혜는 자격 없는 사람에게 공짜로 주어지는 하나님의 사랑의 선물이라고 했다.

그는 사도행전 3장에 기록된 말씀을 읽었다.
오후 세 시 기도를 하는 시간이 되어서 베드로와 요한이 성전으로 올라가는데, 나면서부터 앉은뱅이인 사람을 사람들이 떠메고 왔다.

그들은 성전으로 들어가는 사람들에게 구걸하게 하려고 그 앉은뱅이를 날마다 아름다운 문이라는 성전 문 곁에 앉혀 놓았다. 그는 베드로와 요한이 성전으로 들어가려는 것을 보고 구걸을 하였다.

베드로가 요한과 더불어 그를 눈여겨보고 나서, 그에게 "우리를 보시오."

하고 말하였다. 그 앉은뱅이는 무엇을 얻으려니 하고, 두 사람을 빤히 쳐다보았다.

베드로가 말하기를 "은과 금은 내게 없으나 내게 있는 것을 그대에게 주니, 나사렛 예수그리스도의 이름으로 일어나 걸으시오." 했다.

이 성서를 읽는 그는 우리가 이 세상에 태어날 때 모두가 빈손으로 왔는데, 그렇다면 우리 모두는 성전 미문에 앉아 구걸하던 거지처럼 모두가 거지가 아니냐고 반문하면서 우리도 하나님을 향하여 손을 내밀어 보자고 했다.

베드로와 요한이 손을 벌리는 거지에게 내게 은과 금은 없으나 나사렛 주 예수의 이름으로 걸어라 하듯이 우리의 손을 하나님은 잡아 주실 것이라는 것이다. 그리고 「주와 함께 살겠네」라는 유연희씨의 복음성가를 했다.

갈길 몰라 헤매일 때 나를 찾아오신 주
어둠속에 방황할 때 내 손잡아 주신 주
눈물 많은 세상길에 내 눈물을 닦아주며
염려마라 염려마라 내 마음을 달래시네

내 십자가 내가 지고 주님 따라 가는 길
내 마음이 무너지고 내 몸 지쳐 쓰러질 때
무거운 짐 대신지고 길동무가 되신 주
일어나라 일어나라 내가 너와 함께 하리

구름같은 세상이요 티끌같은 인생이라
나그네길 다가는 날 주님 나를 영접하리
주는 나의 소망이요 나의 왕이 되시나니
할렐루야 할렐루야 주와 함께 살겠네

그리고 그는 이런 말을 했다. 자기 집은 이교도 집안인데 이제 자기가 신앙의 출발점이 되어 아버지와 어머니 그리고 온 식구가 주 예수를 믿고 구원을 받을 수 있도록 계속 하나님께 기도하고 노력하겠다는 것이다.

이 이야기를 들을 때 정말 가슴이 찡하고 눈시울이 뜨거워지면서 돌아오는 탕자를 부둥켜안고 기뻐하는 아버지의 심정으로 돌아가 본다.

멘토링이 되지 못한 나의 목회를 뉘우친다

2015년이면 나는 신학대학을 졸업하고 목회를 시작한 지 만 50주년이 되는 해이다. 돌이켜보면 내 양을 먹이라 하신 예수님의 말씀에 훌륭한 멘토로서의 목회의 사명을 다하지 못한 것 같아서 정말 하나님 앞에 죄송함을 금할 길이 없다.

옛날 트로이 전쟁이 있었다. 이 전쟁에 출정하게 된 오디세이Odysseus 가 하나밖에 없는 자기 아들의 거처가 걱정이 되었다. 몸도 마음도 허약한 자기의 아들을 어떻게 할까 생각다가 그는 자기의 친구인 멘토 Mentor에게 양육을 부탁했다.

20년이 넘게 지루한 전쟁이 끝이 나고 오디세이가 집에 돌아왔을 때 멘토는 부모처럼 스승처럼 자기 아들 테레마쿠스를 강인한 용사로 또 훌륭한 지자로 잘 길렀다. 단순한 지식뿐만 아니라 삶의 지혜와 지식이 풍부한 경험적 인간으로 잘 성장되어 있었다.

이 멘토의 교육 방식을 두고 오늘의 모든 교육 전문가들은 멘토의 이름을 따서 멘토링 교육법이라고 한다. 그리고 멘토는 오늘날 훌륭한 인생의 길잡이로써의 대명사가 되었다.

고대 바벨론의 왕 함무라비는 고대의 모든 법률을 집대성하여 인류 최초의 성문법을 편찬했다. 이 법전에 의해 바벨론은 종교와 문화의 중심지가 되고 찬란한 황금시대를 실현했다.

그런데 이 법전의 대부분이 눈에는 눈, 이는 이로 갚으라는 이슬람의 경전이나 구약 모세의 율법처럼 엄격성과 보복성이 매우 강한 것으로 되어있지만 그래도 이 함무라비 법전은 당시 무질서한 혼돈의 사회 속에 정의와 질서를 심었다. 이 법은 당시 모든 사람들의 멘토링이 된 것이다.

B.C. 4세기경 유대나라에서 태어난 예수그리스도는 보복성으로 된 함무라비의 딱딱한 법전과는 달리 악한 자를 대적하지 말라면서 사랑과 용서의 부드러운 관용을 설파했다.

그는 눈은 눈으로, 이는 이로가 아니고 악한 자를 대적하지 말라 하시며 누구든지 네 오른편 뺨을 치거든 왼편도 돌려 대고 속옷을 가지고자 하는 자에게 겉옷까지도 가지게 하며 누구든지 억지로 오 리를 가자 할 땐 그 사람과 함께 십 리를 동행하라고 했다.

그리고 구하는 자에게 주며 꾸고자 하는 자에게 거절하지 말라고 했다. 이 말은 원수를 사랑하라는 예수그리스도의 멘토로서 오늘을 살아가는 우리 모든 사람들의 길잡이가 된다.

고대 인도에서는 한 여자가 자기 딸이 병들어 죽자 죽은 딸을 부둥켜안고 붓다를 찾아갔다. 그리고 부처님을 향해서 울며 애원했다. "부처님, 제발 제 딸을 좀 살려 주십시오."

이 여인의 애원에 붓다는 자비의 눈초리로 바라보며 "인간은 모두가 다 죽는 존재다." 또는 "모든 사람은 다 죽는다." 하지 아니하고 여인을 향해서 "빨리 돌아가 사람이 죽어본 적이 없는 마을을 찾아가서 겨자씨 한 알을 구해 오라."고 했다. 그러면 이 아이를 살려 놓겠다는 것이다.

이 말에 여인은 죽은 아이를 두고 뒤돌아가서 이 마을 저 마을을 뛰어 다니며 사람이 죽어본 적이 없는 마을을 찾기 시작했다. 그러나 사람이 죽어본 적이 없는 마을이 어디 있겠는가? 그 여인은 이곳저곳을 뛰어 다니다가 인생 생로병사生老病死의 진리를 스스로 각覺 했다. 이것은 성자 붓다의 멘토다.

오늘날 우리 사회에서 수많은 젊은이들과 대학생들을 위한 멘토는 누구일까? 누가 뭐래도 종교의 지도자들이나 대학에서 강의를 하고 있는 교수님들을 들 수 있다.

그런데 요즘 대학의 교수님들이나 종교 지도자들이 그들의 행위와 언어로 많은 사람들로부터 모질고 혹독한 지탄을 받고 있어 매우 안타깝다.

흔히들 정치꾼은 많아도 정치가는 없고 선생은 많아도 스승은 없다는 말이 있는데, 오늘날 많은 대학생들이 교회와 대학에서 참으로 멘토와 같은 좋은 목사님이나 교수를 만났다고 하는 말을 들었으면 얼마나 좋을까 하고 생각해본다.

옛날 기독교 사상가였던 함석헌 선생님이 「그 사람을 가졌는가」라는 시를 썼는데, 오늘날 목사님들과 교수님들이 '그 사람'이 되었으면 하고 이 시를 소개한다.

그 사람을 가졌는가

만리길 떠나는 길/ 처자를 내맡기며 맘 놓고 갈 만한 사람/ 그 사람을 그대는 가졌는가.

온 세상이 다 나를 버려 외로울 때에도/ '너뿐이야'하고 믿어지는/ 그 사람을 그대는 가졌는가.

탔던 배 꺼지는 순간 구명대 서로 사양하며/'너만은 제발 살아다오' 할/ 그 사람을 그대는 가졌는가.

불의의 사형장에서/ 다 죽여도 너희 세상 빛을 위해/ '저만은 살려 두거라' 일러줄/ 그 사람을 그대는 가졌는가.

잊지 못할 이 세상을 놓고 떠나려할 때/ '저 하나 있으니' 하며 빙긋이 웃고 눈을 감을/ 그 사람을 그대는 가졌는가.

온 세상의 찬성보다도/ '아니' 하고 가만히 머리 흔들 그 한 얼굴 생각에/ 알뜰한 유혹을 물리치게 되는/ 그 사람을 그대는 가졌는가.

한 은퇴교사의 자기고백

"'네가 선생이야?' 이 말은 옛날 우리 어머님이 회초리로 내 종아리를 때리면서 한 말입니다." 시골 초등학교 노 교감선생님은 그의 은퇴사에서 이렇게 말문을 열었다.

오늘의 사범대학이나 교육대학 이전에는 사범고등학교가 있었다. 사범고등학교를 졸업하고 초등학교 교사임용고시에 합격하면 교사가 되는 시절, 시골에서 홀로 사는 한 노모가 독자 아들을 사범학교에 보냈는데, 그 아들이 학교를 졸업하고 시골초등학교 교사발령을 받았다.

첫 출근을 하는 날, 어머니는 양복을 잘 다려 입히고 가방엔 점심 도시락을 챙겨주며 잘 다녀오라고 했다. 그런데 교사로서 첫 출근을 위해 집을 나간 아들이 잠시 후에 온 몸이 진흙으로 물든 채 집으로 돌아온 것이다.

지금에야 저 시골에도 시멘트길 아니면 아스팔트길에 경제사정이 좋아 자가용을 타고 출퇴근을 한다지만, 1960년대의 한국 경제는 정말 이러지를 못했다. 당시 시골길이란 얼핏 하면 신발을 벗어야 하는 개울길이었고, 아니면 징검다리나 외나무다리가 고작이지 않았는가?

그 선생님은 첫 출근을 하면서 징검다리를 건너다 돌이 찌울 텅 하는 바람에 그만 물에 빠지고 말았다. 개울에서 빨래하다 이 모습을 본 동네 아가씨들이 깔깔 대며 웃자 얼굴이 홍당무가 된 선생님은 젖은 바지에 부끄러움을 감추지 못하고 급히 집으로 돌아온 것이다.

집에 온 아들이 움직이는 징검다리에서 물에 빠져 돌아왔다는 이야기를 들은 어머니는 말없이 부엌으로 갔다. 그는 부지깽이를 들고 와서 아들의 종아리를 때리며 "이놈아, 네가 선생이야!" 했다. "어머니, 왜 이러세요?" 하고 묻는 아들의 질문에, "이놈아! 네가 선생으로서 움직이는 징검다리를 건다가 물에 빠졌으면 네 뒤에 오는 사람을 위해서 그 징검다리를 고정시킨 후에 돌아올 것이지, 그냥 집으로 돌아왔단 말이냐?"라고 했다.

이 말에 아들은 어머니의 손을 잡고 말했다. "어머니, 제가 잘못했습니다. 제가 지금 가서 그 징검다리를 잘 고정시켜놓고 오겠습니다."

그리고 난 후, 그때부터 시작한 교사생활이 어느덧 세월이 흘러 오늘 이 은퇴식을 가지게 되었다고 했다. 그리고 오늘 국민훈장과 함께 대통령의 표창장을 받으며 40년의 교사생활을 무사히 끝마치고 명예로운 은퇴식을 갖게 된 것은 전적으로 자기 어머님의 덕분이라는 것이다.

옛날 어머님께서 회초리로 종아리를 때리며 "네가 선생이냐?"라는 그 말씀이 자기가 교사로서 언제 어디에서 무슨 일을 할 때마다 늘 자기 귓가에서 쟁쟁거렸기 때문에 오늘의 영광스러운 은퇴식을 가지게 되었다는 것이다.

정말 훌륭한 교사란 어떠한 사람일까? 한 사람의 좋은 교사는 또 하나의 교육부를 가진 것과 같다는 말이 있는데, 훌륭한 교사의 그 영향력이란 정말 대단한 것이다.

우리는 이 교사의 은퇴사를 보면서 우리의 삶을 돌아보았으면 한다.

개 이야기

우리는 간혹 사람들이 상식 밖의 다른 행동을 할 때에 이 개 같은 놈, 짐승 같은 놈, 벌레 같은 놈 하면서 남을 욕하는 나쁜 버릇이 있다.

사실 알고 보면 동물들이야말로 하나님이 창조해주신 본능대로 사는 것뿐이다. 간혹 인간에게 길들어져서 정도의 차이가 있을 뿐이다.

잠언서에는 인간을 향해서 너희는 동물들을 보고 지혜를 배우라는 말씀이 기록되어 있다. 여름동안 먹을 것을 준비하는 개미,
돌 틈에 집을 짓고 사는 작은 바위너구리,
임금도 없는데 떼를 지어 이리저리 무리지어 다니는 메뚜기,
궁궐을 드나드는 작은 도마뱀을 보고 지혜를 배우라고 했다.

나뭇잎에 기생하는 자벌레도 입에서 나오는 진액으로 실을 뽑아 나무에 매달려 내려오다 부는 바람을 이용하여 또 다른 나뭇가지로 옮아가며 자생하는 모습을 보면 미련하고 둔한 것이 인간이지 결코 동물이나 다른 미생물이 아니다.

시성 다윗이 나는 벌레요 사람이 아니라 했고, 바울은 인간을 만물의

찌꺼기라고 했다. 이와 같은 말은 인간의 타락상을 보면서 인간은 다른 피조물보다 더 고상해야 하고 하나님 다음 가는 존재로서 사람이 사람 다움에 살아가야 함을 강조한 말이다.

그래서 우리인간은 인간으로 나서 인간으로 살다가 인간답게 죽어야 하는데, 인간으로 나서 인간으로 살지 못하고 인간답게 죽지 못하는 데 문제가 있는 것이다.

시골에서 목회하는 한 친구 목사님이 계신다. 그와 주고받는 이야기 속에서 그는 이런 말을 했다. 교회의 한 장로님이 자기와 같이 보신탕을 먹자고 약속을 했다. 장로님은 자기 집에서 기르는 개 한 마리가 있었는데 개를 잡으려고 개천으로 끌고 갔다. 가서 개를 나무에 매달고 몽둥이로 때리려고 하자 줄이 끊어지는 바람에 개가 도망을 간 것이다.

그래서 같이 먹기로 한 보신탕은 칼국수로 대신하고 집으로 돌아왔는데, 그 장로님이 집으로 돌아와 보니 도망쳤던 그 개가 먼저 집에 와 있었다. 그런데 그 개는 자세를 낮추고 반갑다 꼬리를 치면서 자기를 반기더라는 것이다.

이 모습을 바라본 장로님은 앉아서 개의 머리를 쓰다듬어 주었다. 그리고 반갑다고 자기 얼굴을 핥은 개를 껴안고 이런 말을 했다.

"내가 잘못했다. 나는 너를 죽이려고 했는데 너는 나를 버리지 아니하고 변함없이 나를 반기는구나." 그리고 고개를 숙이고 이런 말을 했다. "하나님 아버지, 나로 하여금 충성심이 많은 이 개 같은 장로가 되게 해 주십시오."

우리는 흔히 이 개 같은 놈아 하고 남을 욕하지만 개야말로 주인을 물어뜯는 일도 없고 주인을 배반하고 나가는 일도 없다. 모든 피조물이 피조물의 본능대로 사는데 유독 인간만이 인간답게 살지 못하고 궤도를 벗어나 사는 것이 아닌가 싶다.

우리 모두는 좀 더 거룩하신 하나님 앞에서 성숙한 인간 삶이 되었으면 한다.

지금 당신은 어디에 있다고 생각하십니까?

젊은 시절, 같이 몸담고 있던 학교에서 한 노교수가 은퇴식을 했다. 그는 화려한 경력에 국민훈장과 대통령 표창을 받으며 오랜 세월 몸담아 온 교육계를 화려하게 은퇴하는 것이다.

그는 이제 시간에 쫓기는 일도 없고, 통제받을 일도 없고, 윗사람의 간섭을 받을 필요도 없고, 누구의 눈치를 볼 이유도 없다. 또한 경제적인 어려움도 없고, 자녀들이 다 성장하여 결혼해서 독립했기 때문에 자녀 교육에 대한 어려움도 없다. 누가 봐도 자유인이 된 것이다.

이런 모습을 지켜보면서 나는 언제 저와 같은 자리에 앉아보나 하고 부러움을 가진 적이 있었다.

그런데 세불아연歲不我延이란 말과 같이 쏜 화살이 과녁에 꽂히듯 빠른 세월은 곧 나를 그곳에 이르게 했다. 그래서 그때 원했던 그 자리에 내가 서게 되었다.

그런데 내가 막상 그 자리에 서고 보니 생각했던 것과는 너무나 달랐다. 시간이 있어도 한가함이 없고, 먹을 것이 있어도 만족하지 않으며, 하루하루에도 별 즐거움이 없다.

고대로부터 전해온 이야기 한 토막이 생각난다.

옛날 후안이라는 사람이 있었다. 그는 죽자마자 자신이 매우 아름다운 곳에 왔다는 사실을 알게 되었다. 꿈에도 그리던 안락함과 아름다움이 모두 그곳에 있다고 생각한 것이다.

흰 옷을 입은 천사가 자기를 반기며 당신은 이곳에서 무엇이든지 원하는 대로 하라고 했다. 그리고 무슨 음식이든지 원하는 대로 먹고, 행동하고 싶은 대로 하며, 재미있게 즐겨보라고도 했다.

이 말에 후안은 너무 기뻐서 그가 살았을 때 꿈꾸던 모든 것을 다 해봤다. 그리고 오랜 세월이 지난 후에 흰옷을 입은 천사가 그 사람에게 다시 나타났다. 후안은 이렇게 말을 했다. "천사님, 내가 이곳에서 하고 싶은 일은 다 해봤습니다. 이제는 제게도 일이 필요합니다. 이제 저도 쓸모 있는 사람이 되고 싶습니다. 저에게 일자리를 주십시오."

이 말에 천사는 이렇게 말을 한다. "죄송합니다. 미안하지만 내가 이곳에서 당신에게 해줄 수 없는 일이 딱 한 가지 있는데, 그것은 바로 이곳에서 당신에게 시킬 일이 하나도 없어 당신에게 일자리를 줄 수 없다는 사실입니다."

후안이 말을 했다. "천사님, 그럼 제가 이곳에서 영원히 지루하게 이렇게 계속 살라는 말입니까? 그렇다면 차라리 나를 지옥으로 보내 주십시오." 그러자 천사는 낮은 목소리로 후안에게 말을 했다. "지금 당신은 어디에 있다고 생각하십니까?"

지옥이 어디에 있는가? 먹고 할 일이 없는 곳이 지옥이다. 세상에서 할 일이 없는 어려움보다 더 큰 고통은 없다.

솔로몬은 그의 잠언에서 게으른 자는 항상 거리에 호랑이가 나왔다, 장 터에 사자가 나왔다 하면서 늘 집에 누워서 문짝이 돌쩌귀에 달려서 왔 다 갔다 하며 돌 듯 항상 방바닥에 누워서 뒹굴기만 한다고 했다.

그리고 선반에 있는 떡을 내리기가 싫어서 굶고 있는 자라고 했고, 밥 그릇의 밥을 숟가락으로 떠올리기가 싫어서 먹지 아니하고 굶는다는 것이다. 이런 자에게 성서는 개미에게 가서 그 하는 것을 보고 지혜를 배우라고 했다.

불교에서도 각覺을 가로막는 것이 나태라고 했는데, 나태라고 하는 것 은 항상 같은 곳에 머무는 것이며, 희망이나 용기를 상실하고 아무런 자극이 없는 것이다. 그리고 모든 일에 무관심하다는 것이다.

그래서 우리 인간은 빛의 사자로서 어두움을 물리치고 내가 원하는 곳 을 늘 지향하면서 명상(묵상)과 노동을 균형 있게 해 나가야 한다.

도달하지 못한 것에 대한 집착은 변할 수가 없으며, 앞에 있는 목표를 포기하지 말고 계속 전진해 나가면서 노력하는 사람은 지금은 눈에 보 이지 않지만 언젠가는 싹이 트고 결과는 나타나는 것이다.

지금 당신은 어디에 있습니까?

은퇴목사님들의 초청의 하루

디모데후서 4장에는 사도 바울의 은퇴사가 기록되어 있다. "내가 선한 싸움을 싸우고 달려갈 길을 마치고 믿음을 지켰으므로, 이제 후로는 나를 위하여 의의 면류관이 마련되어 있으니, 주님 곧 의로우신 재판장께서 그 날에 내게 주실 것이며, 내게만 아니라 주님의 나타나심을 사모하는 모든 자에게니라"

2011년 6월 8일 파주시에 있는 한 교회에서 은퇴목사님들의 초대가 있었다. 서울에 있는 많은 목사님들이 교회의 초청을 받고 경의선 열차를 타고 가는데, 70, 80, 90세의 목사님들의 모습이 눈에 들어온다. 흰머리에 굽어진 등뼈, 흔들리는 다리에 지팡이를 쥔 목사님들이다.

마치 종로 3가 전철역에서 한 끼의 식사를 위해서 모여든 노숙자를 방불케 하기도 하고, 「심청전」에서 초청의 장님 잔치를 연상하기도 했다. 그 모습들이 서글프기도 하고 처량하기도 하고 슬퍼지기도 했다.

역에 내리자 교회의 차들이 대기하고 있었다. 차를 타고 생각하니 '오지 말았을 것을……' 하는 생각도 들었다. 교회에 도착하여 준비된 음료를 마시고 11시가 되자 예배가 시작되었다. 교회의 담임 목사님은 여러 은퇴 목사님들을 향해서 다음과 같은 설교를 했다.

자기가 10년 전 이곳에 올 때 6명의 신자들과 같이 교회를 시작했는데, 오늘에 와서 2700명의 신자와 1000여명의 학생들이 모이는 대형교회로 성장했다는 것이다.

이런 이야기 뒤에 목사님은 다음과 같은 말을 했다. "제가 오늘 부모님 같은 여러 은퇴 목사님들을 볼 때 나는 언제 목회를 끝마치고 여러분과 같은 영광스러운 자리에 설까 생각하면 여러분이 앉아있는 그 자리가 너무나 그립습니다."

생각해보면 자기가 성공적인 목회를 해서 오늘의 대형교회가 되었다고 자랑도 하고 영광도 누릴만해서 의기양양 할만도 한데 자기의 자랑스러운 이야기는 고스란히 접고 오직 은퇴목사님들의 칭찬만 늘어놓는다.

여러분이 있기에 오늘의 한국교회가 이렇게 성장했다는 말과 함께 존경의 말과 칭찬의 말이 많았다.

이 말을 듣는 순간 서글프고 처량했던 마음은 사라지고 갑자기 감사하는 마음과 기쁨으로 가득 찼다. 또 설교자의 말에서 "나는 아직도 목회자의 갈 길이 먼데 길 요소요소마다 여러 가지 유혹의 지뢰밭이 있습니다."라고 했다.

곧, 질병의 함정, 교통사고, 여자들의 유혹, 잘못될까봐 걱정되는 여러 사람들과의 인간관계 등등 여러 가지 지뢰가 인생길 밑바닥에 놓여 있어서 걱정이라는 것이다.

뿐만 아니라 언제 어디서 어떠한 일이 일어날지도 모르는 이 세상에서 나는 언제 목회의 길을 다 마치고 여러분과 같이 영광스러운 자리에 앉나 생각하면 여기 앉아계시는 은퇴목사님들의 자리가 너무나도 영광스럽고 자랑스럽다는 것이다.

이 설교를 듣는 순간 이 교회를 찾아오며 생각했던 처량하고 서글픈 마음은 사라지고 내가 있는 이 자리가 얼마나 축복된 자리인가를 생각하면서 오늘의 나를 있게 해 주신 하나님께 감사하고 또 감사하는 마음으로 변했다.

예배 후에 잘 차려진 식사가 끝이 나고, 나는 다시 경의선 열차를 타고 집으로 돌아오면서 눈을 감고 생각했다.

30년의 대학교목 생활에서 수많은 교수님들과 같이 여러 가지 문제들을 가지고 많은 씨름을 했다. 정말 수많은 시련의 지뢰밭, 질병과 고통, 시기와 유혹, 학생들의 소요 등등 험한 길을 통과했다. 여러 사람들이 여러 종류의 지뢰를 밟고, 어떤 교수님들은 문제의 지뢰를 밟아서 도중에 하차하는 경우도 있었다.

그 와중에서도 지뢰를 밟지 아니하고 혹 실수로 밟았다 하더라도 터지지 아니해서 하나님의 은혜 가운데 명예스럽게 은퇴를 하여 오늘을 있게 해 주신 하나님의 은혜가 너무나 크다는 사실에 감사했다. 차에서 내리면서 오늘도 동행해주시는 하나님의 은혜에 감사하며 집으로 돌아왔다.

슬픈 마음 달랠 길 없어

2012년 11월 29일 밤 라디오 CBS에서 한밤의 복음찬양이 방송되고 있었다. 한 시청자의 신청곡 「나」라고 하는 찬양이 방송 되었는데, 여기 「나」라고 하는 '나'는 지체 장애인 송명희라고 하는 사람이고, 이 찬양의 부제는 "공평하신 하나님"이다. 그 가사의 내용을 보면 다음과 같다.

나 가진 재물 없으나, 나 남이 가진 지식 없으나,
나 남에게 있는 건강 있지 않으나, 나 남이 없는 것 있으니,
나 남이 못 보는 것을 보았고, 나 남이 듣지 못한 음성 들었고,
나 남이 받지 못한 사랑 받았고, 나 남이 모르는 것 깨달았네.
공평하신 하나님이 나 남이 가진 것 나 없지만
공평하신 하나님이 나 남이 없는 것 갖게 하셨네.

MC는 이 프로그램을 진행하면서 복받치는 슬픈 마음 달랠 길 없어 훌쩍훌쩍 울고 말았다.

후에 안 일이지만 사연인즉, 몇 년 전에 자기가 찾아가본 송명희 씨는 그가 태어날 때 의사의 실수로 소뇌를 다쳐 그만 성장 발육이 늦어지고 뇌성이 마비되어 심한 장애인이 되고 말았다는 것이다.

부모는 아이를 데리고 여러 병원을 찾았으나 똑같은 의사의 대답에 별다른 치료방법이 없어서 절망 속에서 아이와 고통을 분담하기로 했다. 그들은 찢어지는 가난 속에서 수차례 반복되는 이사로 여기저기를 전전해야 했고, 지금도 지하 단칸방에서 살고 있는 그는 맷돌 짝처럼 어깨를 방바닥에 대고 시계바늘처럼 몸을 빙글 빙글 돌리면서 움직여야 했다.

그러던 그가 1979년 10월 교회 부흥회에 참석하여 17세의 나이에 주님을 영접하고 인격적인 하나님을 만나게 되면서부터 자기의 장애를 자연스럽게 받아들였다는 것이다.

어느 날 밤 그는 시공 너머 들려오는 하나님의 음성을 들었다. "내가 말하는 대로 받아 적어라." 이 음성에 그는 굳어진 왼쪽 팔로 쪼그라진 손가락에 몽당연필을 끼고 영감의 글을 하나하나씩 받아 적었다. 그것이 위에 적은 복음성가 「나」다. 곧, "공평하신 하나님"이라는 가사다. 이 가사에 작곡가 최덕신 씨가 곡을 붙였다.

예수를 구주로 믿고 사는 그는 주님께서 주시는 기쁨의 감격을 참을 길이 없어서 솟구치는 희망과 용기를 가지고 복음 전선에 뛰어 들었다. 수많은 집회를 다니면서 간증도 하고, 찬양도 하고, 선교단도 만들어 해외도 다녔다. 그리고 그가 쓴 많은 시, 칼럼, 수필들은 규장문화사에서 출판되기도 했다.

1997년에는 무리한 선교활동으로 목 디스크와 노화 현상까지 겹쳐 이제는 모든 활동을 중단하고 다시 투병생활로 들어갔다. 그는 지금도 투병 생활 중에서 「나」 곧 "공평하신 하나님"이라는 복음송을 부르면서 이것은 나의 간증이요 이것은 나의 찬송이라고 말한다. 그리고 이 생명 다하기까지 구주를 찬송하리로다라고 노래하는 것이다.

아무리 생각해보아도 공평이라고는 찾아볼 수 없는 이 세상 속에서 장애인으로 가장 불평을 하며 살아가야 하는 뇌성 마비인 송명희 씨가 '나 남이 가진 것 없으나 나 남이 없는 것 있다'면서 공평하신 하나님을 찬양하는 모습을 본 MC는 방송을 진행하다 말고 감격에 벅찬 나머지 그의 마음 달랠 길 없어 어찌할 바를 모르다가 그만 울음을 터트리고 말았다.

그의 울음소리에 라디오를 시청하던 나도 눈물이 흘렀다. 공평하신 하나님이 나 남이 가진 것 나 없지만 공평하신 하나님이 나 남이 없는 것 갖게 하셨네. 이 복음송을 들려주며 복받치는 슬픈 마음 달랠 길 없어 울어버린 MC를 생각하며 이 글을 쓴다.

인간의 삶

인간의 삶은 어떠해야 할까? 철학자 안병욱 교수는 그의 책『네 영혼이 고독하거든』에서 위대한 지도자의 7대 덕목을 이야기했다.

지성의 덕으로써 자각성, 박력의 덕으로써 창조성, 마음의 덕으로써 양심성, 용기의 덕으로써 적극성, 탐구의 덕으로써 진보성, 지식의 덕으로써 실력성, 도움의 덕으로써 봉사성을 강조했다.

이 일곱 가지의 덕을 실천하기 위해서는 영국수상 처칠의 연설처럼 인간의 3대 액체 곧, 용기의 상징인 피, 양심의 상징인 눈물, 근면의 표시인 땀을 흘려야 한다는 것이다.

지도자의 의식구조로는
첫째, 문제의식이 있어야 한다고 했다. 문제란 영어의 Problem인데 희랍어의 Problema에서 온 말로써 장애물이란 뜻이다. 지도자는 오늘 우리의 문제(장애)가 무엇인가를 잘 알아야 한다는 것이다.

둘째는 참여의식을 들었다. 참여의식이란 문제가 있을 때 방관이나 본체만체 하는 것이 아니고 문제해결을 위해서 구약의 족장 야곱처럼 천사와 씨름을 하듯 전투적으로 참여하는 것이다.

셋째는 책임의식이라고 했다. 리더가 되자면 강한 책임감이 있어야 한다. 지도자 한 사람은 국민 한 사람과 다르다. 책임감도 없이 공직에 앉아서 자리만을 지키고 있는 사람은 지탄을 받아야 한다.

넷째는 사명의식을 들었다. 이 말은 어떤 일의 실천이 곧, 자기 사명이라는 것이다. 여기에서 나라의 번영이 온다고 했다. 우리가 잘 아는 대로 세계일차 대전으로 독일과 영국이 싸울 때 조국수호를 위해서 영국 옥스퍼드와 캠브리지 대학생들이 제일 많이 싸움에 출전한 것은 이들의 강한 책임성을 말하는 것이다. 또 대학생들은 자기가 선택받은 사람임을 잊어서는 안 된다.

한완상 교수는 『민중과 지식인』에서 예수의 삶을 다음과 같이 기술했다. 추운 겨울에도 동백꽃이 피고 사막에도 선인장이 자라듯 민중의 소리는 조용하고 또 힘차게 들린다. 삶을 산다고 하는 것은 단순히 시간을 보내는 것이 아니고 뜻을 가지고 어떤 곳을 향하여 전진하는 것이라고 했다. 현대 사회의 특성으로는 공간의 축소, 시간의 단축, 경쟁의 가속화를 말했는데, 이 속에서 우리는 어떻게 살 것인가? 라고 묻는다.

어떻게 살 것인가의 문제는 어떻게 죽을 것인가의 문제이다. 고로 가장 보람 있게 사는 자는 죽음을 두려워하지 말아야 한다.

예수는 민중 속에 살다가 민중을 위해 죽었다. 그는 늘 피지배국 팔레스타인에 살면서 종교적 지도자에게는 회칠한 무덤이라고 했고, 정치적 지도자들에게는 여우라 했으며, 경제적 수탈자에게는 강포하지 말고 토색하지 말라고 경고했다.

그리고 예수는 구체적으로 눈은 보게 하고 귀는 듣게 하고 입은 말하게 했다. 들이나 산이나 호수에서 만나는 모든 사람에게 희망을 주고 해방을 선포했다.

억울하게 빼앗긴 땅은 돌려주고 채무자의 빚진 것은 탕감해주고 노예로 팔린 자는 자유를 주라고 했다. 이 실천을 위해서 그는 십자가상에서 죽었다. 신약성서 복음서에 기록된 말씀이다

예수를 믿고 또 하나님의 부름을 받아 신학을 연구하고 목회에 임하는 오늘의 목회자들은 위에 적은 일곱 가지의 덕목을 꼭 실천하고 지도자의 참된 의식구조를 가지고 예수그리스도의 삶을 본받아 살아가는 삶이 되었으면 한다.

내 그럴 줄 알았다

2008년 4월 8일은 한국 최초의 우주인 이소연 박사가 러시아 우주선 소유즈를 타고 우주로 올라간 날이다. 이소연 박사는 서울 베다니 교회의 독실한 기독교 신자다. 그래서인지는 몰라도 우리 교회는 그가 우주를 다녀온 뒤에 어떠한 간증을 하나 하고 관심이 대단했다.

그 이유는 1961년 소련의 유리 가가린Yuri A Gagarin이 우주를 비행할 때 지상 통제소에서 우주에 하나님이 있는가 묻자 "이곳에는 어떠한 신(God)도 보이지 않는다."고 했기 때문이다. 사실 기독교의 하나님은 보이는 신이 아니고 신의 속성이 보이지 않는 하나님이시다. 그래서 보고 안 보고는 자기 말일 뿐이다.

프랑스의 원로작가 미셸 투르니에가 가톨릭 사제관에서 사는데 그에게 누가 물었다. "선생님, 신이 계십니까?" 이 질문에 미셸은 "내가 사제관에 살면서 신이 없다면 어떻게 되겠는가?"라고 했다. 그 미셸이 유리 가가린에 대한 이야기를 다음과 같이 썼다.

유리 가가린이 우주에서 돌아왔는데, 소련수상 후르시초프가 물었다.
후르시초프: 유리 가가린, 우주에 가보니 과연 신이 존재하던가?

유리 가가린: 예.

이 대답에 후르시초프가 무릎을 탁 치면서 "내 그럴 줄 알았다. 하지만 신의 존재가 널리 알려지면 우리 공산주의가 무너지니 절대로 신이 있다고 발설하지 마라."

그 후 유리 가가린이 교황청을 방문했다. 교황이 물었다.
교황: 유리 가가린, 우주에 가보니 과연 신이 존재하던가?
이 질문에 유리 가가린은 후르시초프의 명령 때문에 "아니요."라고 했다. 이때 교황은 무릎을 탁 치면서 말했다. "내 그럴 줄 알았다. 하지만 신이 없다고 하면 가톨릭교회가 무너지니 절대로 밖에 나가서 없다고 말하지 마라."

오늘 우리는 알아야 한다. 후르시초프가 아무리 신이 없다고 강조하면서 사회주의 공산국가를 세우려고 해도 공산주의는 몰락하고 말았다. 마찬가지로 교황청이 아무리 신을 강조해도 교회가 그 사명을 잃으면 교회는 없어지는 것이다.

혹 사명을 잃은 교회가 존재한다고 할지라도 그런 교회는 존재 의미가 없다. 왜냐하면 불 없는 등은 아무 소용이 없고 맛 잃은 소금은 길가에 버려지는 것이니까. 그리고 하나님의 교회는 영원히 하나님의 교회로 존재하는 것이니까.

나는 오늘도 만약 유리 가가린이 불의의 비행기 사고로 죽지 않고 살아 있어서 오늘의 소련 사회주의 몰락을 바라보고 있다면 그가 무슨 생각을 하고 있을까 하고 생각해본다.

나 이대로 너무 행복해

인간의 행복이 어디에서 올까? 돈이 많아도 지위가 높아도 자살하는 사람들을 보면서 행복이란 돈이나 지위가 아니고 인간 삶의 마음이 아닌가 생각해 본다.

미국의 J. F 케네디는 세계 2차 대전 때 미 해군장교로서 작은 군함의 함장으로 있었다. 불행히도 이 군함이 일본군의 공격을 받아서 배에 탄 사람 중 13명의 군인들은 죽고 다른 사람들은 배에서 탈출을 시도했다. 그런데 병사 중 멕마헌이라는 사병은 심한 부상으로 인하여 헤엄을 칠 수가 없었다.

이때 케네디 함장은 그 병사에게 줄을 단 구명복을 입히고 자기 입으로 줄을 물었다. 그리고 헤엄을 치기 시작했다. 가다 쉬고 가다 쉬고를 반복한 끝에 드디어 작은 섬에 도착했다. 그리고 그 후 그들은 자기의 군무를 무사히 마치고 전역해서 각기 자기 집으로 돌아갔다.

오랜 세월이 지난 후에 케네디 함장은 미국의 대통령이 되었고, 사병 멕마헌은 시골 작은 도시에서 우체국 직원으로 있었다. 대통령 케네디가 멕마헌에게 전화를 했다.

케네디: 여보세요? 멕마헌 선생, 안녕하세요? 나 J. F 케네디요.

멕마헌: 아! 대통령께서 어떻게 나에게 전화를?

케네디: 군에서 전역한 후에 지금 자네는 무엇을 하고 있는가 궁금해서?

멕마헌: 나 시골 우체국에서 체부로 있습니다.

케네디: 내가 지금 대통령이 되었는데 자네에게 무엇을 도와주면 좋겠나?

멕마헌: 파도치는 바다에서 배가 파산되고 내가 부상으로 인해서 해상에서 죽어갈 때 나에게 구명복을 입혀주며 줄을 당겨 생명을 구해준 당신인데, 여기서 내가 당신에게 또 무엇을 더 원하겠습니까? 나 이대로 너무너무 행복합니다.

로마서 5장에는 다음과 같은 말씀이 기록되어 있다. 우리가 아직 연약할 때에 기약대로 그리스도께서 경건하지 않은 자를 위하여 죽으셨도다. 의인을 위하여 죽는 자가 쉽지 않고 선인을 위하여 용감히 죽는 자가 혹 있거니와 우리가 아직 죄인 되었을 때에 그리스도께서 우리를 위하여 죽으심으로 하나님께서 우리에 대한 자기의 사랑을 확증하셨느니라.

기독교는 내가 죄인 되었을 때 하나님의 아들 예수그리스도로 인해서 우리가 구원 받은 종교다. 내가 써야 하는 가시관을 예수님이 쓰시고 내가 져야 하는 십자가를 예수님께서 지심으로 우리가 구원함을 받았다. 여기서 우리가 주님 앞에 무엇을 더 원하겠는가? 체부 멕마헌에게서 우리 성도가 살아가야 할 자세를 생각해본다.

우리는 항상 하나님께 기도하면서 이것저것 달라고 하는 기도를 많이 한다. 물론 기도는 해야 한다. 그런데 그 많은 요구사항을 다 들어준다고 하더라도 정말로 행복할 것인가는 알 수가 없다.

멕마헌의 자세처럼 건강과 생명이 있고 삶의 처소와 일용양식이 있으면 족한 줄을 알았으면 어떨까 생각해 본다.

디모데전서 6장 8절에는 이런 말씀이 기록되어 있다. 우리는 아무 것도 세상에 가지고 오지 않았으니 아무 것도 가지고 떠나갈 수 없습니다. 우리는 먹을 것과 입을 것이 있으면, 그것으로 만족해야 합니다.

우리민족의 속성

나라마다 민족마다 나름대로의 속성을 가지고 있다. 그런데 외국사람들은 우리나라 사람들의 속성을 어떻게 생각하고 있을까? 그들이 본 우리나라 사람들의 속성을 알아본다.

첫째는 열등의식에 산다. 우리나라 사람들은 자기 집에 손님을 초청해 놓고 많은 음식을 차린 후에 정작 먹을 때에는 차린 것은 없으나 많이 먹으라고 한다. 우리는 그것을 인사말이라고 하지만 자신에 대해 무언가 모자라고 불충분하다고 생각한다. 외국인들은 그 말을 잘 이해하지 못한다.

둘째는 서열의식에 산다. 우리는 매사에 군대처럼 서열의식이 강하고 모든 행사에서 앉는 의자의 크기와 모양과 자리와 층계가 다르다. 요즘은 좀 달라지기는 해도 교회도 예외는 아니다.

셋째는 상향의식에 산다. 낮고 천한 사람들에 대한 배려보다는 늘 부자나 높은 사람으로 기울어지는 경향이 많다.

넷째는 집단의식에 산다. 한국 사람들은 하나밖에 없는 자기 부인을 칭할 때도 우리 집사람 또는 우리 마누라라고 한다. 외국인이 이 말을 들을 때 한국 사람들은 부인 한 사람을 여러 명의 남성들이 데리고 사는가 하고 의아해 한다.

다섯째는 은폐의식에 산다. 우리민족은 속옷보다 겉옷에 더 많은 신경을 쓴다. 화려한 겉옷으로 안의 것을 덮으려고 한다.

유대나라 베들레헴 말구유에서 태어난 예수그리스도는 단벌옷에 지팡이 하나를 쥐고 샌들을 신었다. 예수는 학벌이 없어도 그 앞에서는 학자들이 머리를 숙이고, 장군들은 무릎을 꿇었다. 그리고 많은 죄인들은 그 앞에서 고백의 눈물을 흘렸다.

예수그리스도는 열등의식도 서열의식도 상향의식은 물론 집단의식이나 은폐의식이 없다. 예수그리스도는 그저 그것뿐이다.

마태복음 23장 12절에 누구든지 자기를 높이는 자는 낮아지고 자기를 낮추는 자는 높아진다고 했다. 우리는 예수그리스도 안에서 열등의식, 서열의식, 상향의식, 집단의식, 은폐의식을 극복하고 사람이 사람으로 산다는 평범한 진리에 살았으면 한다.

충고에 귀를

잠언 17장에는 한 마디 말로 총명한 자에게 충고를 하는 것은 매 백 대로 미련한 자를 때리는 것보다 낫다고 했다.

대개 모든 사람들은 충고를 잘 하면서도 자기가 충고를 들으면 싫어한다. 그러나 생각해보면 충고는 자기 성장에 많은 도움이 되고 삶의 활력소가 된다. 여기 여러 가지 충고의 말들을 보면서 우리의 마음에 모두 새겨두었으면 한다.

<사람들의 시선을 사로잡기 위한 충고>
내가 말을 많이 하기보다는 남의 말을 잘 들어라.
항상 기뻐하고 감사하라.
희망을 가지고 노력하라.

<자존심에 상처를 받지 않기 위한 충고>
무의미한 말은 삼가야 한다.
상대의 말을 경청하라.
예와 아니요를 분명히 하라.

<자기 자신의 일을 이루기 위한 충고>
일이 끝날 때까지 시간과 관심을 최대한 집중해야 한다.
숙성과정이 있어야 한다.
모든 일에는 순서가 있음을 알아야 한다.

<자기 독창성을 기르기 위한 충고>
항상 목표를 향한 인내의 마라토너가 되어야 한다.
소신껏 살면서 자유로운 마음을 가져야 한다.
고정관념에서 벗어나라.

<소외를 당하지 않기 위한 충고>
타인의 말에 귀를 기울여야 한다.
대화 중 제 삼자의 비평을 하지 말라.
자기의 자랑을 하지 말고 늘 겸손 하라.

<젊어지기 위한 충고>
좋은 일에 봉사하고 마음을 즐겁게 하라.
자기 성장을 위해서 계속 노력 하라.
꿈(희망)을 가지고 살아라.

<강박감으로부터 자유하기 위한 충고>
나 때문에 살지 말고, 모두를 위한 삶을 살아야 한다.
부정에서 벗어나 긍정적인 자세를 보여야 한다.
목표 있는 삶을 살아야 한다.

\<하루의 만족을 위한 충고\>
일은 즐겁게 하라.
좀 단순하게 생각하라.
결과에 대해서는 두려움을 삼가라.

\<다른 사람과 의사소통을 위한 충고\>
상대방의 말을 경청해야 한다.
이해하려고 노력해야 한다.
상대의 가치를 인정해 주어야 한다.

충고란 잘하고 잘 들으면 삶의 양약이 되고 삶의 보약이 된다.

지금 하는 일이 무엇입니까?

미국의 땅콩 왕 워싱턴 카브는 가난한 농부의 아들로 태어났다. 목화밭이 많은 미국에서 목화를 생산한 땅이 점차 황폐되어가자 그 나빠진 토양에 땅콩을 심었더니 땅의 지질이 회복되고 많은 땅콩을 생산하게 되었다.

그러나 풍성히 거둔 이 땅콩을 수출할 길도 없고, 당시에는 선호도가 별로 없어서 깊은 좌절에 빠졌다. 어느 날 하루 그는 일찍 일어나 새벽 어둠 속 깊은 산속으로 들어갔다.

산속에서 깊은 묵상에 잠겨있던 그는 눈을 떠보니 밝은 태양이 떠오른다. 그래서 그는 큰 소리로 외쳤다.

카브: 하나님 아버지, 천지와 만물을 창조해주신 하나님 아버지시여, 이 만물을 창조해주신 하나님의 뜻이 어디에 있습니까?
하나님: 너는 너무 큰 질문을 한다. 네가 만물을 논해서 무엇 하나?
카브: 그러면 인생을 내신 하나님의 뜻이 무엇입니까?
하나님: 너는 인생을 논하기 전에 네가 지금하고 있는 일이나 열심히 해라.

이 말씀을 듣고 그는 산에서 내려왔다. 지금 내가 하고 있는 일은 땅콩

농사를 짓는 일이다. 이렇게 생각하며 그는 땅콩 한 줌을 쥐고 자기 연구실로 들어갔다. 그가 땅콩을 연구하고 분석해본 결과 하나의 땅콩 속에 200여 가지가 되는 화학물질이 분출되었다.

여러 종류의 비타민을 비롯해서 화장품의 원료와 여러 가지 영양소, 페니실린을 생산하는 곰팡이균 등 말할 수 없는 많은 종류의 화학 물질이 발견된 것이다. 정말 땅콩은 보물창고와 같았다. 그 땅콩 연구의 결과 그는 미국의 대갑부가 되었고, 하나님의 뜻 실현을 위한 위대한 선구자가 되었다.

우리는 간혹 깊은 산속에 들어가 기도하면서 '하나님 아버지, 나의 사명이 무엇입니까? 나에게 큰 사명을 주십시오.' 하고 기도하는 사람을 볼 수 있다. 그러나 사명이란 알고 보면 지금 내 앞에 있는 문제를 두고 생각하고 열심히 연구하는 일이 곧, 나의 사명이 아닌가 싶다.

하늘을 보고 걸어가다 우물에 빠진 그리스의 대철학자 소크라테스가 "네 자신을 알라"고 한 말은 인간은 자기의 본분을 다할 때 정의가 서고, 정의가 있는 곳에 하나님의 나라가 건설된다는 말이며, 공자님의 수신제가치국평천하修身齊家治國平天下라는 말도 같은 말이다.

우리는 지금 내가 있는 처지에서 최선의 삶을 살아갈 때
노력 끝에 성공,
지성이면 감천,
하늘이 무너져도 솟아날 구멍이 있다는
이런 속담도 우리에게 이루어지는 것이다.

천리 길도 한 걸음부터란 말도
내가 현재 하고 있는 일에서부터
위대함으로 연장되어 간다는 교훈을 준다.

초등시절 6·25

나는 1939년 9월 9일에 태어났다. 부모님 말씀에 의하면 태어난 시간도 아침 9시라고 했다. 일제 강점기에 태어나 학교를 다니다가 1945년 8월 15일에 해방이 되었는데, 1950년 6월 25일에 전쟁이 일어난 것이다. 그런데 오늘 우리는 일제 35년의 강점기보다 3년의 6·25전쟁 이야기를 더 많이 하고 산다.

6·25때 우리는 인민군에 밀려 거의 부산까지 갔으나, 맥아더 원수가 인천 상륙작전에 성공하여 다시 수복이 되었다. 그래서 닫힌 학교의 문들이 열리고 학생들은 교정에 모여 들었다. 그런데 담임선생님이 보이지를 않는다.

후에 안 일이지만 그는 인민군이 남쪽으로 왔을 때 그들이 학생들에게 인민 군가를 강제로 가르치라고 하자 그것을 거절하고 총탄에 맞아 죽었다는 것이다. 그리고 죽을 때 그는 대한민국만세도 불렀다고 했다.

그리고 또 한 선생님은 학생들의 등교와 함께 다른 학교로 전근을 갔다고 했다. 소문에 의하면 그는 공산군이 왔을 때 인민군의 강압으로 학생들을 불어모아 놓고 어쩔 수 없이 인민 군가를 가르친 모양이다.

그런데 수복이 되자 그 교육이 신상에 문제가 되어 일찍 멀리 다른 학교로 전근을 간 모양이었다.

6·25에 대한 이야기는 한강물을 먹물삼아 글씨를 쓴 데도 강물이 부족할진데, 이 글을 쓰는 것 자체도 좀 쑥스럽다. 다만 60년을 훨씬 넘긴 지금에도 공산주의에 대한 잊을 수 없는 나쁜 일은 마음에 새기고 살아 갔으면 한다.

공산당은 동족상잔의 전쟁을 일으킨 사람들이다.
김일성만 있고 민족의 다른 역사는 변조를 했다.
자기들을 반대하거나 불필요한 사람은 죽이는 피의 숙청을 일삼는 사람들이다.

사람들의 이주나 직업의 자유가 없고 인간의 기본적인 자유를 박탈하는 사람들이다.
인민을 집단 노동에 투입하여 강제노동을 수단으로 이용하고 있다.
전통문화를 변조하고 파괴하고 있다.

집단 학습소를 이용하기 때문에 가정생활에 자유가 없다.
종교의 자유를 말살하는 사람들이다.
개인의 재산을 몰수한다.

무력통일을 위해서 변함없이 끝없는 투쟁을 계속한다.
북한은 사람을 사람으로 대접하지 아니하고 공산주의 체제를 유지하는데 수단으로 사용하고 있다.

경제가 어려워서 인민이 굶어죽어도 핵무기를 만든다.
뿐만 아니라 기독교의 십계명을 비롯해서 교리와 체제를 공산당을 유지하는 체제로 변신시켰다.

요즘 많은 사람들이 금강산 관광이며 개성 공단이며 하고 남북이 하나가 되기를 바라면서 대화를 추진하지만 북한 사람의 마음을 돌려보겠다는 것은 콩밭에 가 있는 비둘기의 마음을 돌리는 것처럼 참으로 어려운 일이다.

지금 자라나는 우리나라 어린이들이 북한이라는 나라가 어떤 나라인가를 알도록 선생님들이 잘 교육했으면 한다.

한 젊은 목회자의 간증

6·25가 지나간 후 1958년 아직도 도시의 무너진 건물들이 재건되지 못하였고, 또 여기저기에서 상처투성이로 죽어가는 사람들이 많았다. 무너진 집들이 정리되지도 않았는데 거리에서는 구호물자를 팔거나 여러 가지 음식을 팔고 사는 사람들로 붐볐다.

나는 당시 신학교에 입학을 했다. 시골에서 아무런 대책도 없이 무작정 가방을 들고 서울로 상경을 했다. 요행히도 극빈자에게 주는 선교사의 장학금으로 겨우 생활을 했고 또 약간의 학자금도 받았다.

오늘 여러분과 함께 나누고 싶은 이야기는 한 친구 목회자의 자기 고백이다. 서울에서 시무하고 있는 친구 목사님이 고등학교시절, 친구와 같이 학교를 다녀오다 길에서 콩나물 장사를 하고 있는 자기 어머니를 보자 너무 창피해서 길 방향을 틀며 이리로 가자고 했단다.

그리고 학교에서 생활기록부를 작성할 때마다 다른 아이들의 부모들은 학벌이나 경력이 좋은데, 왜 우리 집 부모님은 학력란에 써야할 학력이 이렇게도 없는가? 하고 불평을 했다. 그리고 학교에서 생활 기록부를 작성할 때 아버지의 학력을 위조해서 써낸 일도 있었다는 것이다.

그는 시골서 고등학교를 졸업하고 신학대학에 입학을 했다. 학교생활은 농사하는 아버지가 등록금이며, 기숙사 생활비며, 용돈을 꼬박꼬박 보내왔기 때문에 별 어려움 없이 지냈다. 그리고 돈과 함께 보내온 편지에는 아버지 어머니가 매일새벽마다 자기를 위해서 항상 기도하고 있다는 내용도 적혀 있었다.

흐르는 세월 속에 그는 어느덧 신학교를 졸업하고 서울에서 교회를 담임하는 목사가 되었다. 목사라는 직업이 왜 그렇게도 바쁜지 그는 한 번도 정식휴가를 내어 고향에 가본 적이 없다. 그리고 성도의 생로병사에는 늘 같이 하는 목사이기에 목사는 항상 자기 몸이 아니다.

그러던 어느 해, 웬일인지 시무하는 교회에서 여러 노인들이 한 사람씩 한 사람씩 세상을 떴다. 불과 몇 달 사이에 열아홉 번이나 장례를 치른 것이다.

그러던 어느 날 장례식장에서 설교를 하며 고인의 영정을 바라보았을 때, '아차, 우리 아버지, 어머니도 저 모습이 아니겠는가.' 하는 생각과 함께 부모님의 연약한 얼굴이 머리에 떠올랐다. 그래서 그는 바쁜 목회 생활 중에서도 언제인가 고향을 한 번 다녀오기로 결심했다.

어느 날 하루 휴가를 내어 차를 타고 고향을 찾아갔다. 고향에 도착하자 마중 나온 부모님의 얼굴을 보니 생각보다 너무나 많이 변해 있었다. 검은 머리는 백발이 되고, 희고 반반하던 부모님의 얼굴은 검고 깊은 주름살로 가득 차 있었다.

문안을 드리자 아버지의 첫 말씀은 바쁜 목회 생활에서 왜 왔느냐고 했다. 그리고 자기는 신학을 하고 목사가 되어 한 번도 동생들에게 학자금을 준 적도 없는데, 자기 동생들은 모두가 아버지의 도움으로 대학을 졸업하고 훌륭하게 자라 독립하고 있었다. 그리고 옛날 신학교를 다닐 때 새벽마다 자기를 위해서 늘 기도 하신다던 아버지는 지금도 변함없이 자기를 위해서 기도한다고 했다.

이 말을 듣던 그는 말없이 아버지와 어머니의 손을 잡았다. 그리고 하나님께 기도를 드렸다. 하나님 아버지, 예수님의 제자들이 파도치는 갈릴리 바다에서 고기를 잡던 거친 손처럼 농촌에서 일을 하며 살아가는 아버지와 어머니의 손이 거칠어졌습니다. 이 근로하는 손을 축복해주시옵소서.

그리고 이 손이 오늘의 나를 있게 한 손입니다. 하나님 아버지, 이 손이 축복의 손이 되게 하여 주시옵소서. 이후 우리 부모님이 하늘나라에 갈 땐 검고 주름 잡힌 얼굴이 하나님 아버지의 넓은 품안에 안기어 위로를 받게 하소서. 이런 기도를 했다.

잠시 후, 그는 내일의 설교를 위해서 부모님을 떠나야 했다. 그래서 인사를 하고 뒤돌아섰다. 돌아서 오는데 아버지는 아들을 불렀다. 그는 작고 초라한 사진 한 장을 종이에 싸서 아들에게 주었다.

"아버지, 이것을 왜 저에게 주십니까?" 하고 아들이 물었을 때 아버지는 이렇게 말을 한다. "내가 죽거들랑 당황하지 말고 이 사진을 가지고 내 영정에 사용하라. 그리고 내가 생전에 하나님 앞과 사람 앞에서 안구와 신장을 기증한다고 했는데 이 약속을 꼭 지키고, 또 사체를 병원에 기증한다고 한 약속도 변함없이 지켜주기를 바란다."

이 말씀을 듣는 순간 아들은 가슴이 찡하고 콧잔등이 시큰해지고 눈에서 눈물이 핑 돌았다. 아버지를 바라보는 그는 마치 작은 예수그리스도를 바라보는 것 같았다. 이렇게 훌륭한 부모님을 두고서 '왜 내가 철없던 고교시절 시장에서 장사하는 어머니를 창피하게 생각하고, 아버지의 학력이 없다고 가정 조사서를 위조하고 불평을 했을까?' 하는 후회와 함께 눈앞이 캄캄해졌다.

아버지는 또 말씀하신다. 목자는 양들을 위해서 목숨을 바쳐야 한다. 부모님의 걱정은 하지 말고 오직 목양일념에 충성하라. 이 말씀을 듣는 아들은 아무런 말을 할 수가 없었다.

오직 마음으로 '하나님 아버지의 뜻이 하늘에서 이루어진 것과 같이 땅에서도 이루어지이다' 이런 기도를 했다. 그리고 내일의 설교를 위해서 그는 서울로 올라 와야 하기에 자기 차에 시동을 걸었다.

나는 오늘 이 친구목사의 간증과 자기고백을 들으면서 나도 그리스도의 붉은 십자기가 나의 싸늘한 사체를 덮을 때까지 이 생명 다하도록 이 사람들처럼 이렇게 살아야겠다고 거듭거듭 다짐해 본다.

고향 찾는 사람들

설날이라 이름 하는 음력 새해와 중추절이라 이름 하는 한가위에 많은 사람들이 고향을 찾아 간다. 이때 고향이 없어 갈 곳이 없는 사람들을 무엇이라고 할까?

일찍이 철학자 파스칼은 고아란 무엇인가? 라는 질문에 다음과 같은 말을 했다. 겨울철 따뜻한 태양이 서쪽 하늘로 기울어질 때 아이들이 놀다 추워서 잠시나마 따뜻한 햇볕을 좀 더 많이 받기위해서 서로가 좋은 자리다툼을 했다. 나는 여기에 너는 저기에 하며 좋은 자리를 차지하기 위해 서로가 다투고 있었다.

잠시 후 해가 지고 어둠이 짙어오자 아이들은 다투며 차지하고 있었던 자기 자리들을 포기하고 각기 자기 집으로 돌아간다. 집에 있던 부모들은 자기 아이들의 이름을 부르면서 빨리 집으로 돌아오라고 한다. 이때 돌아갈 집이 없고, 자기 이름을 부르는 이가 없는 아이들을 가리켜 우리는 고아라고 한다.

우리 인간은 세상이라고 하는 삶의 터전에서 서로가 자리다툼을 하고 있다. 어떤 이는 높은 곳, 어떤 이는 낮은 곳, 어떤 이는 좋은 곳, 어떤

이는 나쁜 곳, 어떤 이는 넓은 곳, 어떤 이는 좁은 곳, 형형색색의 자리
들을 차지하고 산다.

이렇게 살다가 인류의 종말이 오면 우리는 모두 자리를 떠나야 한다.
이때 돌아갈 자기 집이 없는 자는 영원한 영혼의 고아가 된다.

마태복음 25장에는 영원한 고향(천국)의 이야기가 기록되어 있다. 예
수그리스도의 재림과 심판의 이야기가 그것이다.

인자가 자기 영광으로 모든 천사와 함께 올 때에 자기 영광의 보좌에
앉으리니 모든 민족을 그 앞에 모으고 각각 구분하기를 목자가 양과 염
소를 구분하는 것 같이 하여 양은 그 오른편에, 염소는 왼편에 두리라.

그리고 그 때에 임금이 그 오른편에 있는 자들에게 이르시되 내 아버지
께 복 받을 자들이여 나아와 창세로부터 너희를 위하여 예비 된 나라를
상속 받으라.
내가 주릴 때에 너희가 먹을 것을 주었고
목마를 때에 마시게 하였고
나그네 되었을 때에 영접하였고
헐벗었을 때에 옷을 입혔고
병들었을 때에 돌보았고
옥에 갇혔을 때에 와서 보았느니라.

이에 의인들이 대답하여 이르되 주여 우리가 어느 때에 주께서 주리신
것을 보고 음식을 대접하였으며 목마르신 것을 보고 마시게 하였나이까.

어느 때에 나그네 되신 것을 보고 영접하였으며 헐벗으신 것을 보고 옷 입혔나이까. 어느 때에 병드신 것이나 옥에 갇히신 것을 보고 가서 뵈었나이까 하리니

임금이 대답하여 이르시되 내가 진실로 너희에게 이르노니 너희가 여기 내 형제 중에 지극히 작은 자 하나에게 한 것이 곧 내게 한 것이니라.

또 왼편에 있는 자들에게 이르시되 저주를 받은 자들아 나를 떠나 마귀와 그 사자들을 위하여 예비 된 영원한 불에 들어가라.
내가 주릴 때에 너희가 먹을 것을 주지 아니하였고
목마를 때에 마시게 하지 아니하였고
나그네 되었을 때에 영접하지 아니하였고
헐벗었을 때에 옷 입히지 아니하였고
병들었을 때와 옥에 갇혔을 때에 돌보지 아니하였느니라.

이때 그들도 대답하여 이르되 주여 우리가 어느 때에 주께서 주리신 것이나 목마르신 것이나 나그네 되신 것이나 헐벗으신 것이나 병드신 것이나 옥에 갇히신 것을 보고 공양하지 아니하더이까.

이에 임금이 대답하여 이르시되 내가 진실로 너희에게 이르노니 이 지극히 작은 자 하나에게 하지 아니한 것이 곧 내게 하지 아니한 것이니라 하시리니 그들은 영벌에, 의인들은 영생에 들어가리라.

이 심판의 이야기에서 우리가 분명히 알아야 할 것은 인생 삶의 종착역에는 심판의 예수그리스도가 계심을 알아야 한다. 선한 일을 행한 자는

생명의 부활로, 악한 일을 행한 자는 심판의 부활로 나온다는 것을 잊어서는 안 된다.

설날이나 중추절에 고향 찾아 가는 사람들처럼 인류종말 심판의 날에 우리 모두 천국을 찾아가는 사람이 되었으면 한다.

인생 동일시리즈

모든 인간은 전능하신 하나님 앞에서
남녀상하 차별 없이
빈부귀천 차별 없이
지역노사 차별 없이
계층 간의 차별 없이
모두가 다 동일하다는 것이 인생 동일 시리즈이다.

태어난 어린이는 어머니 젖꼭지 하나에 만족한다.
그래서 먹고 자고 먹고 자고 또 먹는다.
자라나는 아기는 장난감이 있으면 좋아한다.
그리고 먹고 놀고 놀고 먹고 먹고 또 잔다.
10대는 성적충동이 일어난다.
이들은 잠이 별로 없고 친구들과 서로 부딪치기를 좋아한다.
20대는 생긴 그대로다.
예쁘고 또 씩씩하다. 그래서인지 밤에는 잘 다니고 낮잠을 잘 잔다.
30대는 화장을 한다.
용모와 맵시에 치중을 한다. 그리고 잠을 잘 때는 비교적 뒤엉켜 잔다.
40대는 분장을 한다. 솜씨 말씨 맵시에 능해진다. 그리고 잠은 주로 상하로 잔다.

50대는 변장을 한다.

얼굴치장을 해도 별 멋이 없다. 잠은 서로가 마주보고 잔다.

60대는 성의 동일화가 온다.

남녀는 서로가 무관심하고 잠은 천장을 보며 잔다.

70대는 건강의 동일화가 온다.

펄펄 뛰는 사람도 잘 죽고 골골 해도 잘 죽지 아니한다. 그리고 잠은 서로가 등을 돌리고 잔다.

80대는 재물의 동일화가 온다.

돈 있는 사람은 병원 침대 위에 눕고 돈 없는 사람은 자기 집 침대 위에 누워 있다. 모두가 다 죽으면 산에 가서 눕는다. 잠은 서로가 각방에서 잔다.

90대는 생사가 동일해진다.

사람들의 뇌리에서 그들의 생과 사를 잘 모른다. 잠은 어디서나 있는 곳에서 누워 잔다.

100세가 되면 신인神人이 동일하다.

귀신 같기도 하고, 사람 같기도 해서 붙이는 이름이다. 잠에는 밤낮이 없다.

100세가 넘으면 무덤이 동일하다.

모두가 땅속으로 가야한다. 인간 자궁에서 태어나 자연 묘지로 돌아간다. 그 후에는 영원한 잠을 잔다.

구약 전도서에는 이런 말씀이 기록되어 있다.

범사가 기한이 있고 천하만사가 다 때가 있나니

날 때가 있고 죽을 때가 있으며

심을 때가 있고 심은 것을 뽑을 때가 있으며

죽일 때가 있고 치료할 때가 있으며
헐 때가 있고 세울 때가 있으며
울 때가 있고 웃을 때가 있으며

슬퍼할 때가 있고 춤출 때가 있으며
돌을 던져 버릴 때가 있고 돌을 거둘 때가 있으며
안을 때가 있고 안는 일을 멀리 할 때가 있으며

찾을 때가 있고 잃을 때가 있으며
지킬 때가 있고 버릴 때가 있으며
찢을 때가 있고 꿰맬 때가 있으며

잠잠할 때가 있고 말할 때가 있으며
사랑할 때가 있고 미워할 때가 있으며
전쟁할 때가 있고 평화할 때가 있느니라.

그리고 구약 전도서 기자는 젊을 때에 너는 너의 창조주를 기억하여라. 고생스러운 날들이 오고, 사는 것이 즐겁지 않다고 할 나이가 되기 전에 해와 빛과 달과 별들이 어두워지기 전에 먹구름이 곧 비를 몰고 오기 전에 그렇게 하여라고 했다.

우리 모두는 무덤으로 들어가는 때가 오기 전에 조물주 하나님을 기억하고 살아가는 삶이 되었으면 한다.

복음화가 늦어지는 3대 국가

중국과 인도와 인도네시아는 세계에서 인구가 많고 땅이 넓은 나라에 속한다. 그런데 이 나라들은 기독교 복음화가 세계에서 제일 느리고 신자수가 매우 적은 나라에 속한다. 여러 가지 많은 요인이 있겠지만 가장 큰 요인이 있다면 다음을 생각해 볼 수 있다.

중국의 경우는 19세기 중엽 영국의 무역상들이 세계를 누비던 시절 중국으로부터 비단과 도자기와 중국의 녹차를 수입했다. 그런데 그 수입대금의 대부분은 인도에서 생산되는 아편을 중국에 팔아 그 돈으로 지불을 했다.

그 후에 중국에서는 아편중독자가 많이 늘어나자 영국과 중국 사이에 아편전쟁(1839~1842)이 일어났다. 당시 중국은 군사적 면에서 영국을 이길 수가 없었다.

그래서 1842년 남경조약이 맺어졌다. 이 남경조약은 중국의 항복 문서이다. 이 남경조약 마지막 조항에 보면 "중국 조정은 중국내 기독교 교회를 세우는 것을 허락할 것"이 포함되어 있다.

이로 인해서 기독교가 중국에 들어갈 수는 있었지만 중국 사람들은 남경조약으로 인해 기독교가 자국에 전파되는 것에 대한 불만을 품고 있었다. 그래서 지금도 그들은 기독교 수용을 매우 꺼린다. 오늘날 중국 기독교인의 수는 약 4%에 불과하다.

인도의 경우는 17세기에 영국이 인도에 동인도회사를 설립하고 인도를 식민지화 했다. 그리고 영국은 인도에 대한 제국주의 정책을 강화하고 수탈과 억압을 심하게 했다. 그리고 인도 사람으로 하여금 기독교로의 개종을 강요했다.

그 후에 1857년 세포이 반란Sepoy Rebellion이 일어났다. 곧, 인도의 독립운동이다. 이 세포이 반란이 일어나면서부터 인도인은 기독교로 개종한 사람들을 많이 죽였다. 이유는 왜 정복자들의 종교를 믿느냐? 라는 것이다. 인도에는 지금도 2%의 기독교인이 있을 뿐이다.

인도네시아의 경우는 1600년도부터 네덜란드가 인도네시아에 진출하면서 경제권을 장악했다. 그리고 19세기까지 식민지화 했고, 1950년에 인도네시아는 독립을 했다.

네덜란드 교회는 인도네시아에서 많은 선교열을 올렸으나 자존심 강한 인도네시아의 모슬렘교도들이 기독교로의 개종을 원하지 아니했다. 현재 인도네시아의 기독교수는 약 4%에 불과하다.

이와 같은 현상은 남미의 여러 나라와 아프리카의 여러 나라에서도 쉽게 찾아볼 수가 있다. 문제는 기독교의 선교는 절대로 강제로는 될 수 없다는 사실이다. 자발적이고 자유적이고 자연스럽게 이루어져야 한다는 것이다.

우리나라는 기독교가 민족 해방의 종교로 들어왔다. 압박과 설움에서 해방을 원했고, 질병과 고통, 가난과 무지에서 벗어나 자유를 원했다. 이때 기독교는 우리에게 복음으로 다가와서 교회를 세우고, 영혼 구원에 앞장서며, 학교를 건설하고, 인재를 양성하며, 병원을 짓고, 질병을 퇴치했다. 그리고 권면과 성실에서 경제의 부흥을 가져왔다.

그래서 찬송가에도 "삼천리반도 금수강산 하나님 주신 동산"이라고 노래했고, 농촌 계몽에 앞장섰던 배민수 목사는 "하나님 주신 우리나라 편편옥토가 이 아닌가. 높은 데 갈면 밭이 되고 낮은 데 갈면 논이 된다."고 했다.

우리에게 주신 하나님의 은총은 너무나도 크고, 또 선교의 때가 잘 맞은 것 같다. 일제 35년 동안 우리나라에서 일본 침략자들이 무리하게 강요했던 신사참배를 지금도 행하는 신도가 어디에 있겠는가? 신앙의 선교는 강요가 아닌 모범이다.

우리는 하나님의 은총에 감사해야 하고, 또 세계 선교의 역사를 잘 알고 우리의 선교 사명을 다 했으면 한다. 믿으라고 강요하기보다는 아픈 곳을 싸매주고 넘어지면 일으켜주는 상식의 선교가 되었으면 한다.

해돋이 해넘이

해마다 새해가 되면 많은 사람들은 동해안 정동진을 찾는다. 정동진은 우리나라의 정 동쪽에 있다.

설날이 되면 많은 사람들이 동해에 떠오르는 첫 해를 보기 위해서 이곳을 간다. 이 사람들로 인해서 영동고속도로는 대장관을 이룬다.

맑은 하늘 푸른 바다에서 솟아오르는 붉은 해는 그 웅장함이 말로 표현할 수 없는 아름다움이 있다. 그런데 이 태양을 바라보면 산모가 산후 태어난 자기 아이를 바라보는 것같이 정말 그 아름다움이 대단하다.

이 세상에 태어난 인간은 부모의 보호 아래 20년, 자기 성장에 20년, 독립생활에 20년으로써 곧, 엄벙덤벙 20년, 이것저것 20년, 아차아차 20년 해서, 인생 60이 된다. 그런데 인생 60이 넘으면 이 후에는 떠오르는 태양 같은 인생이 아니고 기울어지는 석양 인생이 되는 것이다.

떠오르는 해를 보기 위해서 많은 사람들이 동해안을 찾지만 지는 해를 보기 위해서 서해안을 찾는 사람은 적다. 그러나 생각해보면 뜨는 해도 아름답지만 지는 해의 아름다움도 대단하다.

우리 인생도 웅장하게 뜨는 해처럼 살다가 아름답게 지는 해처럼 살았으면 한다.

뜨는 해는 침략적이고, 전투적이며, 웅장하고, 용감성이 있다. 그러나 지는 해는 침략적이 아니고 보수적이며, 전투적이 아니고 수용적이고, 웅장함이 아니고 조용함이며, 용감성이 아니고 잔잔함이다.

창세기에 보면 이스라엘의 족장 야곱의 이야기가 있다. 창세기 47장에 보면 요셉이 자기 아버지 야곱을 인도하여 바로에게 갔는데 야곱이 바로에게 축복을 했다.

이때 바로가 야곱에게 네 나이가 얼마냐고 물었다. 이때 야곱이 바로에게 말하기를 내 나그네길 세월이 백삼십 년이라고 하면서 험악한 세월을 보냈다고 했다.

야곱이 젊은 시절에는 형 에서에게 장자의 명분을 탈취하기도 하고, 외가 하란에 가서는 라반의 두 딸과 두 딸의 여종을 아내로 삼아 12명의 아들을 두기도 했다. 그리고 20년의 머슴살이 끝에 대갑부가 되기도 했다.

우리는 이제 늙어진 이 야곱이 물질의 세계에서 벗어나 정신적인 세계에서 하나님을 만나서 신앙을 가지고 조용히 살아가는 아름다움을 본다.

바로를 축복하고 나오는 야곱의 생애가 서쪽하늘의 붉은 노을에 비치는 해처럼 아름답고 거룩하고 장엄함에 푹 빠져 있다.

우리의 인생 말년도 야곱의 생애와 같이 누군가를 축복하고, 석양노을에 지는 해처럼 아름답게 사라졌으면 한다. 뜨는 해가 희망이라면 지는해는 우리의 소원이다.

남자는 역시 도적놈

가장 아름다운 노래라는 뜻을 가진 구약 아가서는 솔로몬과 술람미의 사랑의 노래이다. 남녀의 사랑은 하나님의 선물이고 나아가 그리스도와 그 교회의 결합으로 이해하기도 한다.

그런데 불행히도 우리사회에서 사용되는 언어가운데 남자는 도적놈이고, 여자는 깍쟁이란 말이 있다. 이런 말은 남자나 여자가 서로의 선한 관계를 다하지 못할 때 하는 말이 아닌가 싶다.

어느 민속 설날에 시골에 사는 노부부의 금혼식이 올려졌다. 그들이 십대에 결혼하여 50 평생을 변함없이 살았다 하여 자녀들이 마련해준 금혼식이었다. 마을 사람들도 칭송이 대단했다.

하늘도 감동했는지 하늘의 천사도 내려와 이들의 금혼식을 지켜보았다. 그리고 천사는 노부부에게 원하는 선물도 하나씩 주고 싶어 했다. 그래서 그날 밤 천사는 잠자는 노부부에게 조용히 나타나 한 분씩 깨우면서 물었다.

"할머니, 할머니의 마지막 소원이 무엇인가?" 이 질문에 할머니는 "천사님,

저의 마지막 소원은 사랑하는 우리 영감님과 같이 세계일주 여행을 하고 싶습니다." 이 말에 천사는 고개를 끄덕이면서 "그래, 참 좋은 생각이다. 내가 네 소원을 들어 주마." 그리고 여행권 두 장을 주면서 "걱정하지 말고 잘 자라."고 했다.

다음에는 할아버지를 깨웠다. 천사는 할아버지에게 마지막 소원을 물었다. 할아버지는 이런 말을 했다. "아! 천사님, 저의 마지막 소원은 저와 나이가 30세 차이가 나는 젊고 젊은 아름다운 색시와 같이 결혼하여 한번 살아보고 죽는 것이 소원입니다."

이 말에 천사는 다시 물었다. "진정 네 소원이 그것이란 말이야." 영감님은 "예."라고 대답했다. 잠시 후에 갑자기 방안에 있는 호리병에서 연기가 나오고 우르릉 탕탕하는 소리와 함께 펑. 펑. 펑. 했다. 잠시 후에 그 70세 노인의 얼굴이 더 팍삭 늙어 100세의 노인으로 변했다.

그리고는 천사가 하늘로 올라가면서 이런 말을 했다. "네 할멈과 이제 30세의 차이가 났으니 지금 너와 살고 있는 네 아름다운 할멈을 더욱 사랑하고 존경하며 네 몸같이 사랑하며 같이 여생을 잘살아라. 알간."

이래서 남자는 도적놈이란 말이 생겼는지 모르겠다. 우리는 성서 아가서를 읽으면서 하나님께서 그 백성을 사랑하고 그리스도가 그 교회를 사랑하듯이 부부는 서로 사랑해야 한다.

남녀가 결혼을 할 때 '죽음이 그대를 갈라놓을 때까지 서로 사랑하겠느뇨?'라는 주례목사님의 서약에 '예' 했던 약속을 인생 마지막까지 잊지 말았으면 한다.

희망의 마라토너

몇 년 전 월간지 책 리더스 다이제스트 특집기사에는 「희망의 마라톤」이라는 기사가 실렸다. 우리나라에도 「말아톤」이라는 영화도 있고, 「맨발의 기봉이」라는 영화도 있어 많은 사람들에게 감동을 주었는데, 여기 다이제스트에 실린 캐나다의 육상선수 마라토너 테리 폭스도 우리에게 큰 감명을 주고 있다.

그는 육상선수로서 자기 꿈을 실현하기 위해 열심을 다했다. 그런데 어느 날 발목이 따끔따끔해서 병원에 가 의사의 진찰을 받았다. 검사 후에 의사는 발목암이라고 했다. 그뿐 아니라 그가 다리를 빨리 자르지 아니하면 암이 온몸에 번져 죽을 수밖에 없다고 했다. 그래서 그는 자기 발목을 자르고 말았다.

육상선수의 꿈을 가진 그가 다리를 잘랐으니 이제 어떻게 되겠는가? 그는 실망을 견디다 못해 병원 침대 위에 누워서 나 같은 놈이 세상에 살아서 무엇 하나? 하고 죽기를 결심하고 머리로 벽을 박기도 하고, 살기 싫어서 침대에서 굴러 땅에 떨어지기도 했다.

그러던 그가 어느 날 병원 침실에 비치된 잡지 타임지를 보았다. 그 잡지에서 두 팔과 두 다리가 없는 18세 어린 소녀가 머리에 타자 봉을 끼고 고개를 끄덕이며 182페이지의 에세이집을 냈다는 기사를 읽었다.

이 기사를 본 테리 폭스는 생각이 달라졌다. 두 팔과 두 다리가 없는 소녀가 에세이집도 내는데 나도 무엇을 할 수 있지 않을까 이런 생각을 했다.

이런저런 생각을 하다가 그는 자기의 처지를 생각하고 나와 같은 불행한 사람이 없기를 바라면서, 암을 퇴치하는 운동에 앞장서기로 결심했다. 그리고 암 퇴치 모금을 위해서 의족의 다리로 마라토너가 되었다.

그는 캐나다 동부에서부터 서부로 멀고 먼 대륙을 의족의 다리로 껑충 껑충 뛰었다. 장애인도 무슨 일이든지 할 수 있다는 신념 속에서 143일 동안 5084㎞를 달렸다. 달리면서 그는 이런 말을 했다.

"여러분! 암을 퇴치합시다. 암을 퇴치합시다. 암은 인류의 적입니다." 이런 구호를 외치면서 달리고 또 달렸다.

자기에게 주어진 불행을 약진의 발판으로 삼아 새로운 기회로 만드는 테리 폭스! 그가 도시에서 도시로 달릴 때마다 도로 연변에서는 그를 바라보는 많은 시민들이 환영의 박수와 함께 많은 돈을 내 주었다. 한 도시에서 또 다른 도시로 갈 때 마다 시장님들은 그를 만나 격려와 함께 꽃다발을 목에 걸어 주었다.

그는 뛰고, 뛰고, 또 뛰었다. 가다가 결국 의족의 발이 붓고, 병이 도져 중간에서 숨을 거두고 말았다. 이 소식을 들은 세계 많은 사람들이 암

퇴치운동에 동참하여 2340만$이라는 기금이 모아졌다. 이 돈은 건강 의료 모금사상 최고액으로써 기네스북에 기록이 되었다. 그리고 이 소식을 들은 세계 많은 기업가들도 많은 돈을 보내주었다.

이렇게 해서 캐나다에는 세계에서 제일가는 테리 폭스 암연구센터가 지어졌다. 인생은 누구나 자기가 누리는 자유의 한계만큼 성공을 거둔다는 말처럼 테리 폭스는 그렇게 살아갔다.

바울은 빌립보 교인들을 향해서 희망의 마라토너에 대하여 이렇게 말한다. 나는 이 희망을 이미 이루었다 함도 아니고 또 이미 완전한 사람이 되었다는 것도 아닙니다. 다만 나는 그것을 붙들려고 달음질칠 뿐입니다.

그리스도 예수께서 나를 붙드신 목적이 바로 이것입니다. 형제 여러분, 나는 그것을 이미 붙들었다고 생각하지 않습니다. 다만 나는 내 뒤에 있는 것을 잊고 앞에 있는 것만 바라보면서 목표를 향하여 달려갈 뿐입니다.

하나님께서는 그리스도 예수를 통하여 나를 부르셔서 높은 곳에 살게 하십니다. 그것이 나의 목표이며 내가 바라는 상입니다. 그러므로 믿음이 성숙한 사람은 모두 이와 같은 마음가짐으로 살아가야 합니다.

만일 여러분이 어떤 문제에 관해서 다른 생각을 품었더라도 하나님께서는 그것까지도 분명히 가르쳐 주실 것입니다. 어쨌든 우리가 이미 이룬 것을 바탕으로 해서 다 같이 앞으로 나아갑시다.

바울의 이 말씀을 생각하면서 오늘 우리의 삶도 새 역사를 창조하는 희망의 마라토너가 되었으면 한다.

파리 이야기

우리 다시 만나 볼 동안 하나님이 함께 계서
훈계로써 인도하며 도와주시기를 바라네
다시 만날 때 다시 만날 때 예수 앞에 만날 때
다시 만날 때 다시 만날 때 그때까지 계심 바라네

찬송가 542장에 있는 가사다. 요즘은 외국에 나간다는 일이 어찌나 쉬워졌는지 화장실 가는 것처럼 쉬워졌다고들 한다. 그러나 1960~1970년대에는 외국에 한 번 나가려고 하면 준비해야 하는 서류봉투가 두툼하고 몇 번씩이나 미 대사관 문을 두드려야 했다.

뿐만 아니라 교육을 받아야 한다는 명목아래 수차례 불려가기도 했는데, 요즘은 정말 외국 가는 일이 참으로 간편해진 게 사실이다.

옛날에는 한국에 온 선교사가 안식년이 되어 본국으로 갈 때면 교회의 많은 신도들이 공항로비에 모여 출국하는 선교사와 함께 둥글게 모여 서서 우리 다시 만나 볼 동안 하나님이 함께 계서 훈계로써 인도하며 도와주시기를 바란다는 찬송을 큰 소리로 부르기도 했다.

지금 여러분과 같이 나누고 싶은 이야기는 한 선교사의 파리에 관한 이야기이다.

그가 안식년으로 미국을 갈 때 비행기 안에서 보니 자기 와이셔츠에 파리 한 마리가 붙어 있는 것을 발견했다. 그는 재빨리 그 파리를 잡아서 어떻게 할까 생각다가 자기가 가지고 있던 사진 필름 통에 넣었다. 그리고 그가 본국에 도착하여 이 파리가 살았나 죽었나 보자하고 필름 통을 열자 파리가 공중으로 포르르 날아갔다고 했다.

그 이야기를 듣는 순간, 마음에 떠오르는 생각이 있었다. 파리라고 하면 변소 간의 구더기가 연상된다. 이 변소 간의 꿈틀거리는 구더기가 파리가 되어 김포공항에서 선교사의 와이셔츠에 붙어 비행기를 타고 태평양을 건너 미국을 갔구나 하는 생각이 그것이다. 그렇다면 우리는 어떤 사람이 되어야 할까?

여러분, 저 하늘을 날아가는 비행기는 400~500명의 사람을 태운다. 세계 주요 도시에는 5분마다 비행기가 활주로를 착륙하고 이륙한다. 미처 앉지 못할 때에는 수많은 비행기가 하늘을 떠돌고 있다.

그 수많은 비행기를 타는 사람가운데 나만은 배제 되었다고 생각한다면 그것은 큰 착각이다. 변소 간의 구더기도 파리가 되어 사람의 등에 붙어 비행기를 타고 태평양을 건너 미국을 가는데, 우리는 인간이 아닌가. 그래서 인간은 항상 희망을 버리지 말아야 한다.

마태복음 17장 2절에서 예수님의 제자들은 예수그리스도의 변화산 사건을 기록하고 있다. 예수는 변형되사 그 얼굴이 해같이 빛나며 옷이 빛과 같이 희어졌더라고 했다. 그리고 예수그리스도가 부활을 했을 때 그 몸은 시간과 공간의 제한을 받지 아니했고 늙거나 병들거나 다시 죽는 일도 없으며 하늘의 천사들과 같았다.

그래서 예수그리스도는 닫힌 방안의 문은 열지 아니해도 들어올 수 있고, 가고 싶은 곳에 즉시 가고, 갑자기 사리지기도 하는 예수그리스도의 부활의 몸처럼, 우리도 그런 형태의 몸으로까지 변형될 수 있는 것이다.

긴 시간과 넓은 공간도 시간의 축소화와 공간의 단축화가 가능하고, 좁다거나 시간이 없다거나 하는 조바심에서 해방되고, 병에 걸려 고통당하는 일도 없으며, 늙는 것을 두려워하는 일도 없다.

사랑하는 사람을 죽음에서 빼앗기는 일도 없고, 고통을 받는 일도 부활 후에는 없는 것이다. 우리도 예수 안에서 희망을 가지면 변화산상의 예수님처럼 변화되고 복되고 소망스러운 날을 맞이하리라고 확신한다.

지능과 감성

당신의 지능은 얼마나 되는가? 당신의 감성은 얼마나 되는가? 지능이 높으면 좋겠지만 낮아도 실망할 필요는 없다. 왜냐하면 인간은 지능뿐 아니라 감성도 있기 때문이다.

예수그리스도의 제자 베드로와 유다, 그들의 지능은 얼마나 될까? 성서학자들은 유다는 지능이 높고 베드로는 감성이 높다고들 한다.

한 조사에 의하면,
교수의 지능은 평균 70
상인들의 지능은 평균 80
도적놈의 지능은 평균 90
국회의원의 지능은 평균 100이라고 한다.
100이란 수가 있을 수 있을까 하고 컴퓨터에 입력해 보았더니, 100이란 숫자는 머릿속에 골이 100% 비었다는 뜻이라고 했다. 농담의 이야기라 해도 요즘 골빈 정치인들이 많은 것은 사실이다.

영국의 물리학자 데니스 가보르Dennis Gabor는 감성에 대한 연구로 유명해진 사람이다. 그는 감성에 대하여 다음과 같은 말을 했다.

감성도가 70이면 상습적 범죄자

감성도가 80이면 범죄적 행동이 잔인한 자

감성도가 90이면 감시가 있어야 일 하는 자

감성도가 100이면 바람직하지 않은 행동을 하지만 그래도 선한 자

감성도가 110이면 책임 있는 행동을 하는 자

감성도가 120이면 나무랄 때 없는 자

감성도가 130이면 희생적인 자라고 했다.

국민의 민도가 낮으면 지능도가 높은 사람이 출세를 하고,

국민의 민도가 높으면 감성도가 높은 사람이 출세를 한다고 했다.

대학을 운영하는 사람이 교수채용 장사를 하면 지능도가 높고, 버스회사 사장이 요금 장사를 하면 감성도가 높다고 했다. 바람직한 인간 사회는 지능도와 감성도가 같아야 살만한 사회가 된다.

지능도가 높은 유다는 예수를 팔았다. 하지만 감성도가 높은 베드로는 주님을 위해서 순교를 당했다. 우리는 우리의 지능과 감성을 적절히 하여 살만한 사회로 갔으면 한다.

행복한 삶

옛날에 한 왕이 있었다. 하도 호화롭게 살기 때문에 행복이 무엇인지를 알 수가 없었다. 궁리 끝에 그는 점쟁이를 불렀다. 그리고 무엇이 행복이냐고 물었다.

점쟁이는 대답했다. "왕께서 전국을 수소문하여 스스로 행복하다고 여기는 사람을 찾아서 그의 속옷을 벗겨 임금께서 그 속옷을 입으십시오. 그러면 행복을 알 수 있습니다."

임금은 행복한 사람을 찾기에 나섰다. 그런데 온 나라를 다 뒤져도 행복하다고 여기는 사람은 아무도 없었다. 그런데 어느 날 한 가난한 양치는 소년이 나타나서 자기는 참으로 행복하다고 했다.

임금님은 양치기 소년에게 말했다. "너의 누더기 옷을 벗으라. 그리고 너의 속옷을 나에게 주어라." 이 말에 양치기 소년은 옷을 벗었다. 그러나 그 양치기 소년은 속옷이 없었다. 이 이야기는 스페인에서 전해오는 옛이야기이다.

리더스 다이제스트 잡지가 조사한 바에 의하면 한국인의 행복 지수는

65%로써 주요 18개국 가운데서 꼴찌라고 했다. 스웨덴은 88%나 되었다.

문제는 행복은 경제성장에 있는 것이 아니고 또 외부에서 행복이 오는 것도 아니고 자기 마음에서 나타나는 것이다.

마태복음 6장에는 이런 말씀이 기록되어 있다.
너희 가운데서 누가 걱정한다고 해서 제 수명을 한 순간인들 늘일 수 있느냐? 어찌하여 너희는 옷 걱정을 하느냐? 들의 백합꽃이 어떻게 자라는가 살펴보아라. 수고도 하지 않고, 길쌈도 하지 않는다.

그러나 내가 너희에게 말한다. 온갖 영화를 누린 솔로몬도 이 꽃 하나만큼 차려 입지 못하였다. 믿음이 적은 사람들아, 오늘 있다가 내일 아궁이에 들어갈 들풀도 하나님께서 이와 같이 입히시거든, 하물며 너희들을 입히시지 않겠느냐?

그러므로 무엇을 먹을까, 무엇을 마실까, 무엇을 입을까, 하고 걱정하지 말아라. 이 모든 것은 이방 사람들이 구하는 것이요, 너희의 하늘 아버지께서는 이 모든 것이 너희에게 필요하다는 것을 아신다.

너희는 먼저 하나님의 나라와 그의 의를 구하여라. 그리하면 이 모든 것을 너희에게 더하여 주실 것이다. 그러므로 내일 일을 걱정하지 말아라. 내일 걱정은 내일이 맡아서 할 것이다. 한날의 괴로움은 그날로 족하다.

우리는 행복을 위해서 남의 속옷을 구하러 다니는 저 어리석은 임금이 되기보다는 있는 것에 족한 줄로 알고 살았으면 한다. 그리고 자연을 주시고 삶을 주셔서 감사하고, 이야기를 주고받는 이웃이 있어서 감사하고, 바람과 비를 막는 집이 있어서 감사하고, 생명이 살아있음에 감사하면 행복은 거기에 있는 것이 아닌가 한다.

자기 살피기

고린도 전서에는 성만찬에 참여할 수 있는 마음의 자세를 잘 기록하고 있다. 참여자는 누구나 자기를 살피고 그 후에야 이 떡을 먹고 이 잔을 마시라고 했다. 자기를 살피는 방법은 여러 가지가 있는데 여기 그리스도 예수 안에서 자기를 살피는 채점표가 참 이상적이다.

당신은 밥을 먹고 살며 신체적으로 결함이 없다 하여 정말 자기만족에 살아가고 있는가?

당신은 가족이 있어 정을 나누고 친구가 있어서 늘 감사하고 있는가?

당신은 하루의 시간에 늘 감사하고 알차게 살려고 노력하는가?

당신은 당신에게 주어진 모든 문제를 내 십자가라 생각하고 잘 수용하고 있는가?

당신은 아침마다 눈을 뜨고 오늘도 살아 있구나 하고 감사하는가?

당신은 당신의 희생에 대하여 기쁨을 느끼는가?

당신은 당신의 귀여운 자녀와 아름다운 자연에 대하여 항상 감사하는가?

당신은 당신의 가정을 넘어 조국과 민족과 인류에 대하여 이바지한다고 생각하는가?

당신은 예수가 아니면 내가 어떻게 되었을까 하고 구원에 대하여 늘 감사하고 있는가?

당신은 죽어도 사는 부활이 있어서 나는 항상 희망에 산다고 생각하고 있는가?

여기에 '예'라고 사는 사람은 그리스도 안에서 복을 누리고 사는 사람이다.

스티네트Nick Stinnett는 그의 책 『강한 가정의 비밀』에서 좋은 가정이 될 수 있는 비결을 소개했다.

첫째는 헌신(Commitment)이다.

헌신은 단결과 화합 그리고 팀 의식이 강해진다.

둘째는 감사(Appreciation)이다.

감사는 서로가 칭찬을 하고 붙들어주고 가정을 보살핀다.

셋째는 교통(Communication)이다.

대화 곧, 서로의 교통이 많은 가족일수록 건전한 가정이 된다.

넷째는 동행(Time-Together)이다.

동행은 먹어도 일해도 놀아도 늘 같이 행동하는 것이다.

다섯째는 정신적 건강(Spiritual-Health)이다.

이는 가족이 다 같이 이웃에 대한 사랑을 실천 하는가이다.

여섯째는 대처 기술(Coping-Skills)이다.

가족 중 누가 어려움에 처할 때 그것을 극복할 수 있도록 힘을 실어 주는 것이다.

오늘 우리는 자기를 살펴보고 강한 가정의 6가지 비결을 생각하면서 우리의 가정도 한번 점검해 보았으면 한다.

그리고 몇 가지 토막상식으로 주고 싶은 이야기가 있다.

하늘나라는 완전한 휴식이 축복이고,

세상에서는 노동이 축복이다.
불평을 치료하는 약이 곧, 희망이다.
기쁜 하루는 슬픈 이틀보다 낫다.
어떠한 때든지 머리를 더 숙이는 편이 낫다.
억지로 하는 것보다 자발적인 행동이 낫다.
가장 바쁜 사람이 가장 많은 시간을 가진다.
부지런한 새가 벌레를 잡는다.

일일삼성日日三省이란 말도 있는데,
우리 모두 자기를 살피는 이 채점표에 귀를 기울였으면 한다.

눈알을 뽑으라고 하는 사람들

요한복음 9장에는 예수님께서 길을 가실 때 나면서부터 소경된 사람을 보시고 땅에 침을 뱉어 진흙을 이겨 눈에 바르시고 실로암 못에 가서 씻으라고 했다.

맹인은 가서 씻고 밝은 눈으로 왔다는 것이다. 인간이 볼 수 있는 눈을 가지고 산다고 하는 것은 참으로 하나님의 크나큰 축복이다.

1905년 저 영국의 소설가 H. G. 웰즈는 『맹인의 나라』라는 글을 써서 현대 문명을 예리하게 비판한 적이 있다. 오늘 현대 문명의 위기를 예견한 그의 글을 소개하면서 이 글을 읽은 모든 사람들이 모래에서 금알을 발견하고 꺼진 재에서 보옥을 발견하는 기회가 되기를 바라는 마음이 간절하다.

험준하기로 유명한 저 안데스 산맥 깊고 깊은 산골짜기에 항아리처럼 생긴 크나큰 분지가 하나 있었다. 세상과는 아주 인연이 끊긴 곳이어서 이름마저 '맹인의 나라'라고 했다.

옛날에는 세상과 서로 연결되어 있어서 사람의 통행이 있었으나, 어느 날 갑자기 지진이 일어나서 신기하게도 이 지역의 땅이 몽땅 지하로 내려 앉는 바람에 세상과는 발길이 끊어지고 외톨이 땅이 되고 말았다.

그래서 이 맹인의 나라는 항아리처럼 분지의 땅이 된 것이다. 그래도 그곳에 사는 사람들은 풍부한 자연의 혜택 속에서 아무런 부족함이 없이 잘 살아가고 있었는데, 한 가지 큰 문제는 원인 모를 유행병이 번져서 모든 사람의 눈이 멀어가고 있었다는 사실이다. 그리고 새로 태어나는 아기들은 아예 나면서부터 맹인이 된 것이다.

이 맹인의 나라에 유행병을 몰아내기 위하여 노력하는 한 젊은이가 있었는데, 그가 다른 고장에 가서 의사를 모셔오겠다며 위험을 무릅쓰고 항아리의 땅 이 분지를 떠나 산길을 더듬으며 바깥세상으로의 탈출을 시도했는데, 그만 어디론지 사라지고 그 후 아무런 소식이 없었다는 것이다.

그리고 괴질 병은 점차 번져서 모두는 맹인이 되었는데, 그래도 이 맹인들의 생활은 점점 습관화되어서 불편이 무엇인지도 모르고 눈이 멀어가는 것조차도 무엇인지 모르고 그저 살아가게 되었다.

아직도 눈이 보인다고 하는 사람들은 보이지 않은 사람들을 인도하기도 했는데, 눈이 보인다는 마지막 그 한사람까지도 죽고 보니 주민들은 모두가 맹인이 되고 말았다.

그리고 이 맹인들은 눈이 없어서 많은 것을 잃어버렸으나 또 한편으로는 많은 것을 새롭게 배우기도 했다. 그리고 그들은 못 본다는 것 외에는 더 힘도 세고 여러모로 유능한 사람들도 많았다.

세월이 흘러 15세대가 지난 어느 날, 에콰도르 산지를 답사하는 영국인 일행이 누에즈라는 안내원을 데리고 이곳 근처를 답사했다. 그런데 어느 날 밤 갑자기 캠프에서 그 안내원이 사라졌다는 것이다. 곧, 실종이 된 것이다.

그의 발자취를 따라 찾으러 뒤따라 나선 영국인 일행은 그의 발자국이 외딴 산비탈 벼랑 가장자리에서 뚝 그친 것을 발견하고는 아마도 이곳에서 떨어져 죽었나 보다 생각하고 그들은 모든 것을 포기하고 집으로 돌아갔다.

그런데 뜻하지 않는 사고로 높은 낭떠러지에서 떨어진 안내원 누에즈는 요행히도 경사가 느슨해진 눈덩이 속에 파묻혔으나 다친 곳은 없었다. 그리고 그가 정신을 차리고 눈 속에서 나와 보니 저 멀리에는 집들이 보이고 오고가는 사람들이 눈에 보였다.

'아! 이제 나는 살았구나.' 생각하고 그는 그 아래 분지의 마을로 내려갔다. 그런데 이 마을에 내려간 그는 깜짝 놀랐다. 왜냐하면 가서 본 그곳 사람들이 모두가 맹인이었기 때문이다. 이 맹인들을 본 누에즈는 당장 내가 이 사람들에게 교육을 시켜야겠다고 생각했다.

그는 어느 날 맹인들을 모아놓고 자기가 살아온 다른 세상의 이야기를 열심히 했다. 저 높고 푸른 하늘, 아름다운 산과 들, 흐르는 시내 그리고 여기 외에 또 다른 아름다운 세상이 있음을 열심히 설명했다. 그리고 눈을 뜨면 모두가 이곳을 벗어나서 다른 세상을 볼 수 있다고 설명을 했다.

그런데 이 누에즈로부터 이야기를 들은 맹인들은 누에즈라는 이 청년이 무슨 말을 지껄이는지 도무지 알아들을 수도 없고 또 믿고 싶지도 않았다. 이 사람들은 바위로 둘러싸인 항아리 모양의 이 분지의 땅 외에는 아무런 관심도, 흥미도 없는 것이다.

오히려 이런 말을 하는 안내원 누에즈라는 사람이 아주 무식한 사람이요, 미개한 사람으로 생각되어 오히려 그를 아주 측은하고 또 불쌍하게 생각하는 것이다. 뿐만 아니라 이 마을의 추장은 이 안내원 누에즈에게 하루속히 정신을 차리고 우리생활과 종교에 빨리 적응하도록 노력하라는 권고까지 했다.

어느 날 누에즈는 이 맹인의 나라 사람들이 아침 일찍 일어나서 샘에 가 물을 길을 때나, 들판에 나가 일을 하는 사람을 볼 때마다 많은 위험이 도사리고 있는 것을 보고, '아저씨, 그곳은 위험합니다. 아주머니, 그 곳에는 가시덤불이 있어요. 아가씨, 그곳은 독사가 있습니다. 조심하세요.'라고 말했다.

이런 말을 할 때마다 지금까지 아무 탈 없이 잘 지내온 맹인들은 '이놈이 어디에서 와서 우리에게 이런 말을 하는가, 정말 별소리를 다하네.' 하면서 누에즈를 매우 못마땅하게 생각했다.

그래서 이 누에즈는 눈을 감고 생각한다. 인간이 본다고 하는 사실이 이 맹인의 나라에서는 아무런 의미가 없구나 생각하고, 그는 설움이 복받쳐 울기 시작했다. 누에즈는 바깥세상으로 나가고 싶으나 항아리의 땅 분지인지라 나올 수가 없었다.

그런데 어느 날 자기가 몸담고 사는 마을의 추장 야곱이 누에즈에게 '네가 이곳에서 계속 살고 싶으면 나의 막내딸 메리 나사로와 결혼을 하라'고 했다. 이 말에 누에즈는 자기가 이곳에서 살아갈 수밖에 없는 처지임을 생각하고 결혼을 하기로 결심을 했다.

그런데 문제가 생겼다. 이 마을 사람들이 결혼의 조건으로 그의 눈알을 뽑아야 한다는 것이다. 왜냐하면 이 누에즈가 눈이 있기 때문에 매사에 자기들에게 이상한 소리를 하고 또 쓸 데 없이 심한 간섭을 한다는 것이다. 그러니까 이 맹인의 나라에서는 아무리 진실을 이야기해도 모두가 잔소리로 들리는 것이다.

그래서 그는 눈을 감고 깊이 생각을 했다. 내가 이제 어떻게 해야 하나? 내가 이곳에서 눈알을 뽑으면서까지 결혼을 하고 여기에 살아야 한단 말인가? 그는 생각하고 또 생각하다가 이런 결심을 했다.

'내가 여기서 눈알을 뽑고 결혼을 하기보다는 차라리 내가 왔던 외부로의 길을 찾아 위험한 탈출을 감행해야겠다.' 그리고 이 사람들을 위한 새로운 작전계획이 필요하다고 생각을 했다.

그래서 그날 밤 그는 모든 맹인들이 깊이 잠든 틈을 타서 도망을 치기로 결심했다. 모두들 깊이 잠든 밤에 그는 몰래 일어나서 문을 열고나와 혼신을 다해 맨발로 맹인의 나라를 탈출하기 시작했다.

뛰고, 뛰고, 뛰고, 뛰고, 또 뛰었다. 달리고, 달리고, 또 달리는 것이다. 내가 왔던 길이 어디야? 출구가 어디에 있는가? 그러나 병풍같이 둘러

싸인 맹인의 나라에서 가파른 바위를 수없이 넘고 또 넘으면서 달리고 또 달려도 끝이 없는 것이다. 그래도 그는 출구를 찾기 위해서 달리고 또 달리는 것이다.

그가 밤새도록 달렸을 때 온몸은 땀범벅이 되고 피범벅이 되었다. 옷은 떨어지고 팔다리에 멍이 들고 발에서는 피가 났다. 숨이 차고 온몸에 통증이 온 것이다. 그는 지치고 또 지쳤다. 그리고 그는 이름 모를 언덕에 쓰러졌다. 그러나 그의 마음만은 평온했고, 얼굴에는 미소가 지어졌다.

그는 이런 기도를 했다. "예수님, 저 사람들의 눈에 진흙을 발라 주세요. 그리고 저 실로암(예수) 못에 가서 씻고 밝은 눈을 가지게 하소서." 이런 기도를 한 후 그는 깊은 밤 찬 공기 속에서 몸의 열기가 식어가고 몸이 굳어지기 시작했다. 잠시 후 하늘에서 내리는 함박눈을 이불삼아 그는 조용히 눈을 감고 영원히 잠들고 말았다.

기록에 없는 명상을 더듬어 보면, 아마도 그는 흐르는 세월 속에서 그의 시체가 지하의 영원한 화석이 되어갔으리라고 생각된다. 그리고 민들레꽃이 바람에 날려서 저 멀리 날아가 이름 모를 골짜기에 떨어져 또 한 송이의 꽃을 피우기 위해 내년 먼 봄을 기다리는 것처럼 그는 땅에 묻혔다. 나는 그의 부활을 기대해본다.

그리고 언젠가는 맹인의 나라에 사는 모든 사람이 실로암(예수) 못에 가서 눈을 씻고 다시 누에즈의 기도에서와 같이 밝은 눈을 가지고 사는 날이 오기를 간절히 바란다.

이 맹인의 나라 이야기는 오늘의 비인간화의 세상에서 참된 인간은 오히려 소외를 당하고 산다는 교훈을 준다. 맹인의 나라에서는 눈을 뜬 사람이 오히려 바보취급을 당한다. 그래서 무식한 군중은 진실의 한 사람을 발로 짓밟은 것이다. 예수그리스도도 이렇게 하여 세상에서 죽어갔다.

병들어 있는 자기 영혼을 깨닫지 못하는 인간들이, 병든 영혼임을 알고 자기의 마음을 열어 전능하신 하나님 앞에 무릎을 꿇고 자기를 고백하며 기도하고 애원하는 자를 비웃는다.

이 시대의 이와 같은 젊은 선각자 안테나들을 가벼운 웃음으로 아웃사이더 시키는 오늘의 이 맹인의 나라 사람들을 우리는 어떻게 해야 할 것인가?

위대한 탈출을 계획하면서도 출구가 없고, 회로도 없다. 빠져나갈 구멍도 없다. 그래서 어쩌다가 잘못된 상황 속에서 아프가니스탄 탈레반 집단에게 인질로 잡혀 있으면서도 벗어나지 못하고 있는 저 봉사단원 같이, 이름 모를 언덕 위에 누워 아무도 모르게 영원히 눈을 감고 잠을 자야 하는 저 누에즈를 바라보면서, 지금 당신은 어떤 생각을 하고 있는지 묻고 싶다.

어려운 땅 아프가니스탄. 가지 말라는 곳엔 안 가야지 왜 가서 문제를 일으키느냐? 하는 사람들은 귀를 기울이고 들어야 한다. 당신은 우리나라의 순교자들을 보고 예수 믿지 말고 죽지를 말지, 왜 예수를 믿고 죽었는가 하는 사람들이다. 이런 사람들이 눈알을 뽑으라고 하는 맹인의 나라 사람들이다.

예수는 오늘도 변함없이 이와 같은 젊은이들을 부르고 있다. 그리고 가서 제자 삼으라. 나의 길을 가르치라는 것이다. 아골 골짝 빈들에도 복음 들고 나아가서 안내원 누에즈와 같이 싸늘한 시체가 되어도 염려하지 말고 외치고 또 외치다가 죽으라는 것이다.

왜냐하면 부활이란 바로 이런 자의 것이니까. 그리고 그리스도의 이 지상 명령에 우리 모두가 귀를 기울였으면 한다.

작품 속의 사람들 5題

빅토르 위고의 『노트르담 사원의 꼽추』

마태복음 22장 16절에서 예수그리스도는 사람을 외모로 보지 아니하신다고 했다. 그리고 바울도 사람을 외모로 취하지 말라고 했다. 성서에는 사람을 외모로 취하지 말라는 말이 여러 번 나온다.

1831년 프랑스의 문호 빅토르 위고는 『노트르담 사원의 꼽추』라는 책을 써서 많은 사람들의 마음을 사로잡았다. 이 글은 세상에서 겉만 보고 인간의 가치를 규정짓는 어리석음에 한탄하는 글이다.

가난하기 때문에 어쩔 수 없이 남루한 옷을 입었는데, 그것 때문에 조롱의 대상이 된다고 하는 것은 불합리하다는 교훈을 주는 책이다.

애꾸눈에 귀머거리에다 또 절름발이이며 꼽추인 쿠아시모도는 그렇게도 마음이 곱고 열심히 일을 하는데도 단지 그가 외모가 흉하기 때문에 세인으로부터 괴물의 취급을 받고 있다.

고전주의 문학에서 낭만주의문학으로 발을 내디딘 빅토르 위고의 글에서 우리는 예수그리스도의 음성을 들을 수 있다. 곧, 사람을 외모로 취하지 말라는 것이다.

우리나라에서는 그 언제인가 지체불구자들이 사범대학에 입학하는 것을 금한 일이 있었다. 물론 신중을 기했겠지만 성서적 교훈은 아니다.

오늘날 기독교 목사님들 가운데 여러 사람들이 지체불구자로 있지만 그것 때문에 오히려 자기의 특기를 살려 이 사회에 공헌을 하는 사람들이 많다. 그들은 이 사회에서 자기 몫을 다하고 있는 사람들이다.

그래서 사람을 외모로 판단하는 일은 성서적이 아니다. 우리는 사람을 외모로 취급하지 말라는 바울의 말을 귀담아 들어야 한다.

에릭 시갈의 『러브 스토리』

1970년 크리스마스 직전에 에릭 시갈의 소설 『러브 스토리』가 TV에 방영된 적이 있다. 그 내용은 1960년대 신을 잃어버리고 살아가는 미국의 많은 젊은이들에게 신앙이 없이 인간은 살아갈 수가 없다는 교훈을 주는 책이다.

젊은 법관이 음대 여학생을 사랑했다. 그들이 건강하고 돈이 많을 때는 신이 없다고 했다. 그러나 사랑하는 여인이 악성 백혈병으로 죽음의 날만 기다리고 있을 때 젊은 법관은 신을 찾았다.

그는 죽어가는 여인을 앞에 두고 사람을 하나님보다 더 사랑하기 때문에 잃어버렸던 하나님 아버지를 다시 찾으면서 "하나님! 이 견딜 수 없는 시련을 이길 수 있는 힘과 용기를 주소서."라고 기도했다.
그가 수평선상 위에 누워있는 여인 앞에서 하늘을 향하여 두 손을 모으고 수직으로 솟구치는 그의 몸부림이 십자가를 보여주고, 그 모습이 우리에게 신앙의 필요성을 느끼게 한다.

신 없이는 살 수 없는 오늘 우리 인간의 모습을 바울은 이렇게 설파했다. 누가 우리를 그리스도의 사랑에서 끊으리요. 환난이나 핍박이나 적신이나 기근이나 칼이랴 했고, 또 환난 중에서도 즐거워한다고 했다. 그 이유는 환난은 인내를, 인내는 연단을, 연단은 소망을 가져오기 때문이다.

하나님을 믿는다는 것은 갈릴리 바다에서 파도를 헤치며 나아가는 배안에서 주 예수를 모시고 든든해하는 예수그리스도의 제자와 같은 것이다.

그래서 바울은 '나는 환난을 즐거워한다'고 했다. 이 글을 읽는 당신도 주 예수를 모시고 든든해하는 예수의 제자들처럼 승리하는 삶이 되었으면 한다.

어거스틴의 『참회록』

명작 한 권은 한 대학의 졸업에 해당한다는 말이 있다. 최후의 고대인이며 최초의 근대인인 어거스틴은 『참회록』을 썼다.

신약성서에서 사도바울이 유대종교에서 기독교로 개종한 것같이 어거스틴은 이원론적인 마니교에서 방탕한 생활을 청산하고 기독교로 개종하여 32세에 15세 난 사생아와 같이 세례를 받은 사람이다.

그는 로마서 13장 13～14절, 낮에와 같이 단정히 행하고 방탕과 술 취하지 말며 음란과 호색하지 말며 쟁투와 시기하지 말고 오직 주 예수그리스도로 옷 입고 정욕을 위하여 육신의 일을 도모하지 말라는 이 성서를 읽고 기독교 진리의 존재를 향한 신앙을 탐구하는 사람이 되었다.

어거스틴의 『참회록』은 끊임없는 인간탐구의 책이요, 한없는 하나님의 은총을 찬양하는 책이다.

그는 시간론에서 시간을
과거의 현재(기억에서),
현재의 현재(직각에서),
미래의 현재(기대에서)로 하고 있음이 특이하다.

이 책은 인간의 싸늘한 마음을 뜨겁게 하고 뜨거운 마음은 더욱 불타게 하는 책으로써, 많은 사람들이 눈물을 흘리면서 이 책을 읽고 또 눈물을 흘리면서 기뻐하는 책이다.

나다나엘 호손의 『주홍글자』

1850년대에 쓴 『주홍글자』는 미국 나다나엘 호손의 글이다. 미국문학을 세계의 수준에까지 이끌어 올린 이 글은 인간의 정신세계를 파헤쳐 적절하게 구성하는데 큰 특징이 있다. 이 책에서 여주인공 헤스터의 죄의식을 통해 영원의 구원관이란 문제점을 미국사회에 던져주었다.

헤스터는 간음Adulter이라는 부정의 표시로써 가슴에 붙여진 A자를 천사Angel라고 인식되어지게 살아가는 생활인이 되었으며, 헤스터와 같이 깊은 관계를 가졌기 때문에 고민하는 딤즈데일 목사는 목사였기 때문에 그 와중에서도 설교를 해야 하는 괴로움의 인간이 되었다.

그는 7년 후에 교수대에 서서 7년 전에 이곳에 섰어야 했다며 마지막 설교와 함께 자기의 죄를 회개하고 죽었다. 정의라고 하는 것이 아무리 훌륭하다 하더라도 얼마나 무기력한가를 타락한 여인의 품에 안겨 죽음으로써 세상에 알려주는 것이다.

그래서 그는 '나를 성스럽다고 한 여러분! 나는 죄인이었습니다.'라고 고백한다. 헤스터는 그의 사랑하는 딸 퍼얼과 함께 이 고장을 멀리 멀리 떠나서 청교도들의 혈통 못지않게 잘 살아간다.

오늘날 미국사회에서 『주홍글자』의 이야기는 전설의 이야기처럼 되어 가고 있어 매우 안타깝지만 지금도 우리에게 주는 교훈은 대단하다.

존 번연의 『천로역정』

『천로역정』은 존 번연의 작으로써 성서 다음으로 제일 많이 출판된 책이다. 천주교도들이 좋아하는 단테의 『신곡』이 지옥으로부터 천국에 이르는 상승적 소설 곧, 수직적 소설이라면, 기독교도들이 좋아하는 번연의 『천로역정』은 세상으로부터 천국에 이르는 전진적 소설로서 곧, 수평적 소설이다.

『천로역정』은 자기 힘에 의한 윤리종교를 말하지 아니하고 어디까지나 하나님의 섭리에 의한 구원을 강조한다. 순례자로서의 크리스천의 성격은 용기와 더럽혀지지 않은 생활로 이어지고 있다.
순례자는 울다가 '우리가 어찌 할꼬'(What Shell I do, 행 2:37) 한다. 그래서 멸망의 도시를 떠나 험난한 길을 걸어 마침내 죽음의 강을 건너 천성에 이르는 과정을 잘 묘사하고 있다.

교육을 받은 존 밀턴이 『실낙원』을 써서 위대한 시를 남겼다면, 교육을 받지 못한 존 번연이 『천로역정』을 써서 산문을 남겼다.

17세기 영국의 청교도 문학을 대표하는 이 글은 작가가 가난한 땜장이의 아들로 태어나서 땜장이의 아버지와 같이 땜장이 일을 하다가 쓴 글인데, 오늘날 많은 기독교 신자들로 하여금 죄 많은 이 세상에서 선한 싸움을 싸우고 이겨 승리를 강조하게 하는 책이다.

우리는 고전작품 속의 인물들을 생각하면서, 한 인간이 사람으로 태어나 사람답게 살다가 사람답게 죽는 것이 무엇인가를 배울 수 있고, 신 없이 살아가는 인생 삶의 피곤함이 어떠한 지를 잘 알 수가 있다.

세르반테스의 『돈키호테』

스페인의 작가 세르반테스는 『돈키호테』라는 글을 써서 세계를 놀라게 한 사람이다. 불우한 환경이 인간의 성격을 우울하게 만들고 환경의 영향이 성격과 사상을 지배한다는 이론을 뒤엎고 세르반테스는 불행의 환경이 낙천가를 낳을 수 있다는 교훈을 우리에게 준다.

그는 교육을 제대로 받지 못한 사람으로 학벌이 없다. 그리고 그는 외팔의 병신이었는데, 그 이유는 전쟁터에 나가서 용감하게 싸우다가 총탄에 맞아 팔을 잃었기 때문이다. 그것을 그는 국가에 대한 헌신으로 알고 매우 자랑으로 생각했다. 그런데 전쟁이 끝난 후에 고국으로 돌아오다가 해적을 만나서 그들의 종으로 끌려갔다.

그 후 노예해방의 종교단체가 해적들에게 돈을 주고 노예석방에 나섰는데, 해적들이 돈이 적다며 외팔이 병신을 놓아주는 바람에 세르반테스는 행운을 만났다. 그래서 전쟁에서 팔을 잃은 것은 불행한 일이지만, 그가 팔 병신이기 때문에 노예에서 석방되는 행운을 얻은 것은 참으로 다행한 일이라 할 수 있다. 바로 새옹지마塞翁之馬다.

그 후 그는 가난한 16세 연하의 소녀와 결혼을 했다. 그리고 그 여인의 지참금으로 연명하며 세월을 보냈다. 그러다가 그는 국가 세무직원으로 채용이 되었는데 어느 날 돈을 좀 빌려달라는 친구의 성화에 못 이겨 돈을 빌려주었다가 그 친구가 돈을 가지고 도망을 치는 바람에 3개월간의 징역형을 받기도 했다. 이런 풍토 속에서 그가 쓴 글이 바로『돈키호테』라는 책이다.

1547년에 세르반테스는 많은 사람들로 하여금 자기를 살펴보고 알고 깨닫기를 바라는 간절한 마음에서 이 책을 썼다. 이 책은 당시 기사도의 이야기가 사람들의 마음을 어지럽게 하고 있을 때 인간 자기 스스로를 비판하기 위해서 쓴 글이다.

참으로 너무나 순진하고 남을 의심할 줄 모르며 그러면서도 자기 힘에 벅찬 정의감과 인간애를 잃지 않고 이상을 향하여 나아가는 돈키호테에게서 우리는 "너 자신을 알라"고 했던 소크라테스의 덕을 발견할 수 있다.

우리가 잘 아는 대로 이 이야기의 주인공은 돈키호테다. 그는 기사도에 관한 많은 책을 읽고 기사가 되려고 한 것이다. 그리하여 그는 조상 때부터 물려받은 가보인 투구와 갑옷과 창 그리고 방패를 열심히 닦았다. 그러나 불행히도 그 물건들은 모두가 녹이 슬고 낡아 있었다.

그는 한참 생각하다가 투구를 철사로 엮고 마분지로 바르고 보수를 했다. 그리고 기뻐하며 어쩔 줄 몰라 하면서 그것을 쓰고 거울 앞에 섰다. 거울 앞에 서서 칼로 자기의 투구가 얼마나 튼튼한가를 시험해 보았다. 그가 칼로 자기가 쓰고 있는 투구를 내리치자 투구는 힘없이 박살이 났고,

돈키호테는 얼굴에 상처를 입었다. 그는 하는 수 없이 또다시 그 투구를 보수했다.

그가 투구를 보수한 다음 또다시 거울 앞에 서서 자기의 투구를 시험해 보기로 하고 칼로 자기 투구를 내리치려다 중지하고 칼을 칼집에 꽂으면서 말을 한다. "이젠 괜찮을 거야. 세계에서 제일가는 투구인데 뭘." 이렇게 생각하고 시험해 보았어야할 투구를 다시 시험해 보지도 않고서 자기 스스로 완전하다고 생각했다.

그가 그 투구를 그대로 쓰고 기사의 길을 떠난 것이 많은 사람들로 하여금 웃기는 '돈키호테'가 되었다. 진정 칼로 자기 투구를 여러 번 시험해보지 않는 한, 돈키호테에게 있어서의 자기가 쓴 투구는 세계에서 제일가는 투구일지도 모른다.

그리고 자기가 타고 가는 애마 로시난테가 마르고 약하여 휘청거리지만 돈키호테는 나폴레옹이 타고 가던 명마 마렌고보다 더 위대하다고 생각했다.

그러나 그러한 투구를 쓰고 그러한 말을 타고 기사의 길을 떠나는 돈키호테를 보고 많은 사람들은 배꼽을 쥐고 웃을 수밖에 없었다. 그래서 우리는 돈키호테를 보고 웃는 사람, 희극의 코미디언이라고들 한다. 하지만 생각해보면 그것이 어찌 희극의 코미디언이겠는가? 그것은 희극의 코미디언이 아니고 바로 비극의 코미디언인 것이다.

우리는 생각해 보아야 한다. 이 웃기는 돈키호테가 과연 누구인지 당신은 아는가? 이 돈키호테가 이 글을 읽고 있는 바로 당신이라는 사실이다. 우리가 코미디언도 아닌데 웃기는 사람이란 소리를 들으면 되겠는가? 코미디라고 비웃는 인생을 살아도 되느냐는 말이다.

이 소설은 오늘 우리가 자기 자신에게 대하여 너무 무관심하고 너무 무비판적임을 교훈한다. 우리는 우리자신 스스로를 훌륭하다고 생각할 때 벌써 슬픔을 연출하는 코미디인임을 알아야 한다.

오늘의 교사나 교회의 목사님들이 젊은이들 앞에서 거룩한 체 하며 큰 소리를 치지만 우리가 이 돈키호테와 무엇이 다르겠는가?

돈키호테가 상처 난 투구에 구멍 뚫린 방패를 가지고서 기사의 길을 떠날 때, 보는 사람들이 모두모두 비웃는 것처럼 우리의 낡은 지식, 구멍 뚫린 진리를 가지고 학생들을 교육할 때 많은 사람들이 우리를 보고 비웃는다.

왜냐하면 우리가 가지고 있는 무딘 창으로 교육을 하고, 영상이 떠오르지 않은 종교심으로 하는 교육이나 설교로는 적을 이길 수가 없다. 그럼에도 불구하고 오늘 우리는 반성할 줄을 모른다.

우리는 오늘 아침에 깎은 수염을 다음날 또 깎아야 하고, 오늘에 쓸었던 먼지는 내일 또다시 쓸어야 한다. 그리고 오늘 물을 준 정원에는 내일도 주어야 한다. 돈키호테가 타고 가는 말이 결코 나폴레옹이 타고 가는 명마가 아닌 줄을 알면서도 의기양양하게 타고 가는 것처럼 우리는 어리고 철모르는 순진한 아이들 앞에서 우리가 멋모르고 자랑하며 산다는 것이 얼마나 어리석은 일인가를 이 돈키호테의 글이 잘 보여주고 있다.

그리고 돈키호테가 어린 졸병들을 데리고 전쟁터로 나가면서 자기는 웃으며 만족해 하지만 그것을 바라보는 많은 사람들은 즐거워서 웃는 것이 아니고 기가 차서 웃는다.

이 사실을 알 때 우리는 깊이 반성해야 한다. 『돈키호테』를 읽고도 반성하지 못하고 깨닫지 못한다면 우리의 하는 행동은 여기에서 멈추어야 한다. 왜냐하면 우리도 21세기의 또 하나의 돈키호테가 되기 때문이다.

에릭 프롬의 『소유와 존재』

성서에는 많은 독단paradox의 진리가 기록되어 있다. 마태복음 19장에는 네가 완전한 사람이 되고자 하거든 가서 네 소유를 팔아서 가난한 사람에게 주어라. 그리하면 네가 하늘에서 보화를 차지하게 될 것이라고 했다.

소유를 팔아서 가난한 사람에게 준다고 하는 것은 말보다 어렵다. 그래서 이 말을 들은 젊은이는 근심하면서 떠났다고 했다. 왜냐하면 그에게는 재산이 너무나 많았기 때문이다.

톨스토이의 『인생독본』에도 소유를 만끽한 한 젊은이의 이야기가 있다. 소유를 만끽하려던 한 농부가 원하는 소유를 만끽한 다음 심장마비로 죽은 이야기가 그것이다. 그래서 철학자 에릭 프롬Erich Fromm은 소유보다 존재양태에 살아가라고 하면서 소유양태에 살아가는 사람에게 주는 반문화 9계명을 말했다.

'나하나 쯤'에 살아간다.(부동산 투기하는 사람)
이 세상에 믿을 사람 하나도 없다.(사람의 말은 믿어야 하는데)
매사에 너무 서둔다.(모든 일에는 다 과정이 있다)

자기 힘만이 정의라고 믿는다.(자기의 권력, 자기의 재력)

강제의 힘으로 모든 것을 지배하려 한다.(정의의 힘을 망각하고 있다)

높은 지위에 있는 '아는 사람'이 최고라고 한다.(안 되는 일도 되고, 진 판결도 이긴다.)

자기의 과거를 잊으려 한다.(사람은 잊어서는 안 되는 과거 일이 너무나 많다.)

일정한 법이 없다.(자기 위주로 이랬다저랬다 한다.)

자기 분수를 모르는 사람이다.(마이더스 왕처럼)

마가복음 10장에는 예수그리스도가 소유양태에 살아가는 한 젊은이에게 존재양태로 가는 길을 제시했다.

길에 나가실세 한 사람이 달려와서 꿇어 앉아 묻자오되 선한 선생님이여 내가 무엇을 하여야 영생을 얻으리이까? 예수께서 이르시되 네가 어찌하여 나를 선하다 일컫느냐 하나님 한 분 외에는 선한 이가 없느니라.

네가 계명을 아나니
살인하지 말라,
간음하지 말라,
도둑질하지 말라,
거짓 증언하지 말라,
속여 빼앗지 말라,
네 부모를 공경하라 하였느니라.

그가 말했다. 선생님이여, 이것은 내가 어려서부터 다 지켰습니다.

예수께서 그를 보시고 사랑하사 이르시되 네게 아직도 한 가지 부족한 것이 있으니 가서 네게 있는 것을 다 팔아 가난한 자들에게 주라. 그리하면 하늘에서 보화가 네게 있으리라. 그리고 와서 나를 따르라 하시니 그 사람은 재물이 많은 고로 이 말씀으로 인하여 슬픈 기색을 띠고 근심하며 가니라 라고 했다.

참 똑똑한 청년이었는데 그는 존재양태에서 벗어나 소유양태에 살아가고 말았다. 소유양태에서 존재양태에 살아가라는 에릭 프롬의 이야기에 우리 모두 귀를 기울였으면 한다.

창의력·성숙·얌체

탱크주의로 유명한 M.I.T. 공학박사 배수훈 교수의 책『기본으로 돌아
가라』에는 창의력 계발의 다섯 가지 단계가 기록되어 있다.

제일은 문제의식(Problem-definition)이다.

곧, 내가 왜 이 일을 해야 하나 하고 묻는 것이다.(문제를 정의)

제이는 준비(Preparation)이다.

조사하고 예습한다는 것이다.(집중적 연구)

제삼은 잠복기(Incubation)이다.

심사숙고하고 부화 시키는 과정이다.(숙성과정을 가질 것)

제사는 계몽(Illumination)이다.

해명하는 것이다.(조명의 과정을 가질 것)

제오는 지속성(Follower-up)이다.

끝까지 계속 연구하는 것이다.(지속성을 가질 것)

이렇게 해서 자기 달란트를 계발하라는 것이다.

인간의 뇌세포는 136억 개라고 하는데 과학자 아인슈타인도 이중에서
0.6%를 사용하고 죽었다고 한다. 빙산이란 91.7%가 물밑에 있다고 하
는데, 결론은 인간의 잠재의식 속에 무진장한 보화가 있다는 사실을 잘
말해준다.

창의력이 나오지 않는 경우 3가지는

첫째는 비탄(lamentation)이다. 나는 쓸모가 없다고 한 사람을 말한다. 곧, 자기비하로써 나는 실패한 사람이라고 하는 사람들이다.

둘째는 분노(anger)다. 누군가를 미워하고 질투하는 사람을 말한다. 억울함을 당했다고 꽁 하는 사람이다.

셋째는 나태(laziness)다. 게으른 사람과 짜증을 잘 내는 사람을 말한다. 이런 사람에게는 영감이 없다고 했다.

마태복음 25장 30절에는 달란트를 계발하지 못한 사람의 비참한 종말이 기록되어 있다. 우리는 창의력 계발에 많은 노력이 있었으면 한다.

윌리엄 제임스William James는 크리스천의 성숙의 4단계를 다음과 같이 말했다.

제일은 현실적 이기주의를 극복할 것(이기주의를 버리라는 것)

제이는 하나님의 역사가 내 생활 속에 연계되어 있음을 알 것(하나님의 역사 속에 내가 있음을 알 것)

제삼은 자기 자신의 한계를 잘 인식할 것(신의 영역에까지 도전 하지 말 것)

제사는 성서 중심의 사랑을 가질 것(영성의 극치를 말한다. 자기 몸을 불사르게 내어줄지라도 사랑이 없으면 아무 것도 아니다.)

베드로후서 1장에는 성도의 성숙을 다음과 같이 말하고 있다.

이러므로 너희가 더욱 힘써 너희 믿음에 덕을, 덕에 지식을, 지식에 절제를, 절제에 인내를, 인내에 경건을, 경건에 형제 우애를, 형제 우애에 사랑을 공급하라고 했다. 성숙 되어 가는 크리스천이 되었으면 한다.

미국의 알렌 H. N. Allen 목사는 신자 신앙상태 설문조사에서 얌체 크리스천 9종을 다음과 같이 말했다.

제일은 주일날 예배에 불참하는 성도(20%)
제이는 기도를 아니 하는 성도(25%)
제삼은 기도를 못하는 성도(30%)
제사는 성경을 안 보는 성도(35%)
제오는 헌금(십일조)을 안 하는 성도(40%)
제육은 신앙 서적을 안 읽는 성도(60%)
제칠은 교회활동 및 봉사를 아니 하는 성도(70%)
제팔은 전도를 해본 일이 없는 성도(85%)
제구는 나는 천국에 꼭 가야한다는 성도(100%)

알렌 목사는 신자로서 자기 할 일은 아니하고 천국에 가겠다고 하는 사람을 얌체 크리스천이라고 했다. 우리는 얌체 크리스천에서 벗어나야 한다.

일사일언(一事一言) 4題

오늘은 서재를 정리하다 지금으로부터 32년 전 1982년 11월 조선일보에 기고한 일사일언一事一言 칼럼원고를 찾았다. 당시 조선일보 편집실로부터 청탁을 받아쓴 이 칼럼을 다시 여러분과 같이 나누고 싶다.

1) 어리석은 자의 고민(칭호 붙인다고 사람 달라지나) 1982년 11월 6일

언제인가 미국의회에서 초대 대통령 워싱턴을 5성 장군으로 추서하려다 그만두었다. 5성 장군으로 추서해 준다 해도 기뻐할 워싱턴이 아니고 워싱턴은 워싱턴으로 족하다는 판단을 했기 때문이다.

현대를 살아가는 많은 사람들은 실존의 자신보다 높아 보이려는 욕망에서 곧잘 자기이름 앞에 또 다른 칭호 붙이기를 좋아하는 습성이 있다. 그래서인지 모르나 지상에서 사람을 칭할 때 직위나 학위를 이름 앞에 붙인다. 이런 일이 전혀 나쁠 것은 없겠으나, 그것 때문에 자기라고 하는 실존이 오히려 더 약해질까 두려워진다.

옛이야기에 고양이가 새끼를 낳았는데, 자기새끼 고양이의 이름을 어떻게 지을까 하다가, 높게 또 유명하게 해보자는 생각에서 "호랑이 고양이"라고 이름을 지었다. 어미고양이는 호랑이 고양이보다 용이 더 위대한 것 같다는 생각이 들었다. 그래서 재빨리 "용고양이"라고 개명을 했다.

다시 생각하니 비구름이 없는 용은 생각할 수 없는지라 "구름고양이"라 개명했고, 구름을 움직이는 것이 바람이라 생각하니 바람이 더 위대한 것 같아서 또 "바람고양이"라고 했다.

그러나 바람을 막을 수 있는 것이 벽이고, 벽을 뚫는 것이 쥐이며, 쥐를 잡는 것이 고양이인지라 "벽고양이" "쥐고양이" "고양이 고양이" 하다가 결국 "고양이"라고 했다는 것이다.

언제인가 문교부에서 박사학위 소지자에 대하여 등록을 하라는 지시가 있자 등록할 생각에 앞서 "무슨 필요성이 있는가." "조회를 해서 어쩌자는 것인가." 하는 항의가 많았다.

어미고양이의 우화는 그래서 생각해본 것이다. 한때 가짜박사소동까지 있었으니 박사학위등록 발상을 이해하지 못할 것은 없겠으나, 그보다 문제는 학사보다 석사, 석사보다 박사가 좋게 보이는 세속의 지나친 욕망인 것 같다.

성서에 있는 "낮아지는 자(겸손한자) 높아진다(존경받는다)"는 예수의 역설이 바로 그것이다. 예수는 학위를 받은 적도 없고 명문 대학을 나오지도 않았다. 오직 '예수'인 것이다. 그러나 많은 이들이 그 앞에 무릎을 꿇고 그를 높인다. 자기를 아는 겸손한 자가 사람으로부터 존경받는 자가 된다.

2) 20세기의 돈키호테(우주 벗기면서 자신은 모르니) 1982년 11월 13일

※ 이 내용은 「세르반테스의 돈키호테」와 동일하다.

3) 내 자유인데…… (법은 교통신호와 같은 것) 1982년 11월 20일

오래 전 고등학교를 다닐 때였다. 이북의 장교가 월남하여 적과 싸우다 상이군인이 되었는데, 다행히 큰 상처는 아니어서 예편과 동시에 학교에서 군사교련교관으로 일하게 되었다. 그는 시간 중에 학생들에게 이런 말을 했다. 자기는 자유를 찾아 월남을 했는데 와서 보니 대한민국은 자유가 많아서 자유 때문에 망하게 되겠다는 것이다.

이유인즉 그가 어느 날 버스를 탔는데 복잡한 차안에서 한 젊은 청년이 어린이를 안은 여인 옆에서 담배를 피우고 있었다. 그런데 그 여인의 아이가 감기가 걸린 데다, 담배연기로 인해서 심한 기침을 했다. 장교는 그 청년을 향하여 "손님, 미안하지만 담배를 좀 삼가주시면 좋겠습니다."라고 했다. 그러자 그 청년은 고개를 반대방향으로 돌리면서 "자기가 뭔데 간섭이야, 내 자유인데……." 하더라는 것이다.

버스 안에는 금연의 표지도 있고 또 정중히 얘기를 했는데도 그런 태도를 한 그 청년을 괘씸하게 생각했다. 그래서 그는 청년의 뒤통수를 때리고 돌아섰는데, 이때 그 청년이 벌떡 일어나 왜 때리느냐고 항의하자 장교는 "나도 자유다. 너도 네 자유로 네 담배 마구 피우는데 나도 내 자유로 주먹 좀 휘둘렀다……" 우리 주변에는 이같이 생각해보고 반성해야할 이야기가 너무나 많다.

언제인가 서울에서 강릉을 가는 고속버스 안에서 어떤 이가 금연석인데도 담배를 피우자 옆 사람이 나도 맑은 공기를 마실 자유가 있다며 환기통을 연 적이 있다. 영하의 차가운 날씨에 모두가 명랑했어야 할 여행이었는데 얼굴을 찌푸리며 무엇인가 한 마디씩 불평이었다.

옛날 이스라엘 백성들에게는 십계명이란 법이 있었다. 그 법은 신호등과 같아서 하라면 하고 하지 말라면 중지해야 했다. 등산길이 위험할 때 위험표지를 무시하고 가면 조난이 생기고, 위험표지를 무시하고 깊은 수심에 뛰어들면 익사를 면할 길이 없다. 법을 만드는 것도 중요한 일이지만 법을 지키는 일은 더욱 중요한 일이다. 지금도 위험표지를 무시하고 주유소 옆에서 담배를 피우는 사람은 없는지…….

4) 25시 현대사회(정의는 인간 삶의 안테나) 1982년 11월 27일

"인간의 구제가 끝난 시간일세, 구세주가 온다 해도 때는 이미 늦었네." 이 말은 『25시』라는 책에 나오는 말이다. 25시는 마지막 시간이 지나가버린 폐허의 시간이며 메시아가 온다 해도 구원해줄 수 없는 절망의 시간을 말한다.

현대사회는 놀라운 과학과 기술시대에 살고 있다. 전자과학은 컴퓨터 시대를 열었고 컬럼비아호는 지구를 떠나 우주를 여행함으로써 우주여행의 문을 열었다.

현대사회는 이상적인 세계건설을 과학기술의 발달과 경제성장에 두고 있다. 과학의 놀라움이야말로 인류의 운명을 걸어도 좋겠다 싶지만 과학기술에 대한 우리의 신뢰가 맹목적일 때 거기에는 말할 수 없는 위험이 있음을 알아야 한다.

현대사회가 풍요하고 편리한 세계인 동시에, 선하고 아름답고 참된 정의의 사회가 되기 위해서는 종교기능과 신앙의 건전한 발전이 이룩되지 아니하면 안 된다.

그래서 일찍이 아인슈타인은 종교 없는 과학은 절름발이요, 과학 없는 종교는 소경이라고 했다. 오늘날 고도로 발달된 정치제도와 상세한 법 조문, 교육을 통해 많은 사상과 과학의 기술, 도덕의 가치관을 우리가 잘 알고 있으면서도 강도, 사기, 강간, 도박, 뇌물, 탈세, 불효, 사치……등의 카오스Chaos의 세계가 되고 25시가 되는 것은 참으로 심각한 문제다.

성서에는 "회개하라"는 예수의 말씀이 있다. 회개란 고친다, 돌아선다, 방향전환 한다는 뜻이 다. 이 말은 인간상에 대한 말씀이요 이상적인 사회건설에 대한 말씀이다. 우리는 사회정의가 책임을 다할 때 서고, 정의가 있는 곳에서만이 하나님의 나라가 건설 된다는 희망에 살아가야 한다.

정의는 사회의 신성한 기초가 된다. 특권층이란 더 많은 책임을 감당해야 하고 책임을 다하지 못하게 되면 보복이 있다. 우리는 25시−현대사회 속에서 이 말을 인간 삶의 안테나로 여겨야 한다. 그래서 미리 탐지하고 예비하고 경보하여 25시로 가는 현대사회에 한 번 더 희망을 주어야 한다.

金 正 薰
경북 김천

배움터
장로회 신학대학교 졸업(신학사)
대전대학교(현: 한남대학교) 졸업(문학사)
연세대학교 교육대학원 졸업(교육학석사)
미국 샌프란시스코 신학대학원 연수
액트 · 풀러 신학대학원 공동학위과정 (목회신학박사)

일터
광주보병학교 군목임관
진안제일교회 담임목사
관동대학교 교수/ 교목실장/ 인문대학장
선교신학대학원장/ 명예교수 추대
미국 뉴−브룬스윅 신학대학원 교육부파견 연구교수

이야기 축제

초판 1쇄 발행일	| 2014년 12월 9일
초판 1쇄 발행일	| 2014년 12월 10일

지은이	| 김정훈
펴낸이	| 정구형
편집장	| 김효은
편집/디자인	| 박재원 우정민 김진솔 윤혜영
마케팅	| 정찬용 정진이
영업관리	| 한선회 이선건 허준영 홍지은
책임편집	| 김진솔
인쇄처	| 월드문화사
펴낸곳	| **새미**

등록일 2006 11 02 제2007-12호
서울시 강동구 성내동 447-11 현영빌딩 2층
Tel 442-4623 Fax 442-4625
www.kookhak.co.kr
kookhak2001@hanmail.net

ISBN	| 978-89-5628-644-0 *03230
가격	| 26,000원